U0851591

WORLD HISTORY

画在地图上的历史风云

手绘世界简史

《小小冒险家》编辑部 编绘

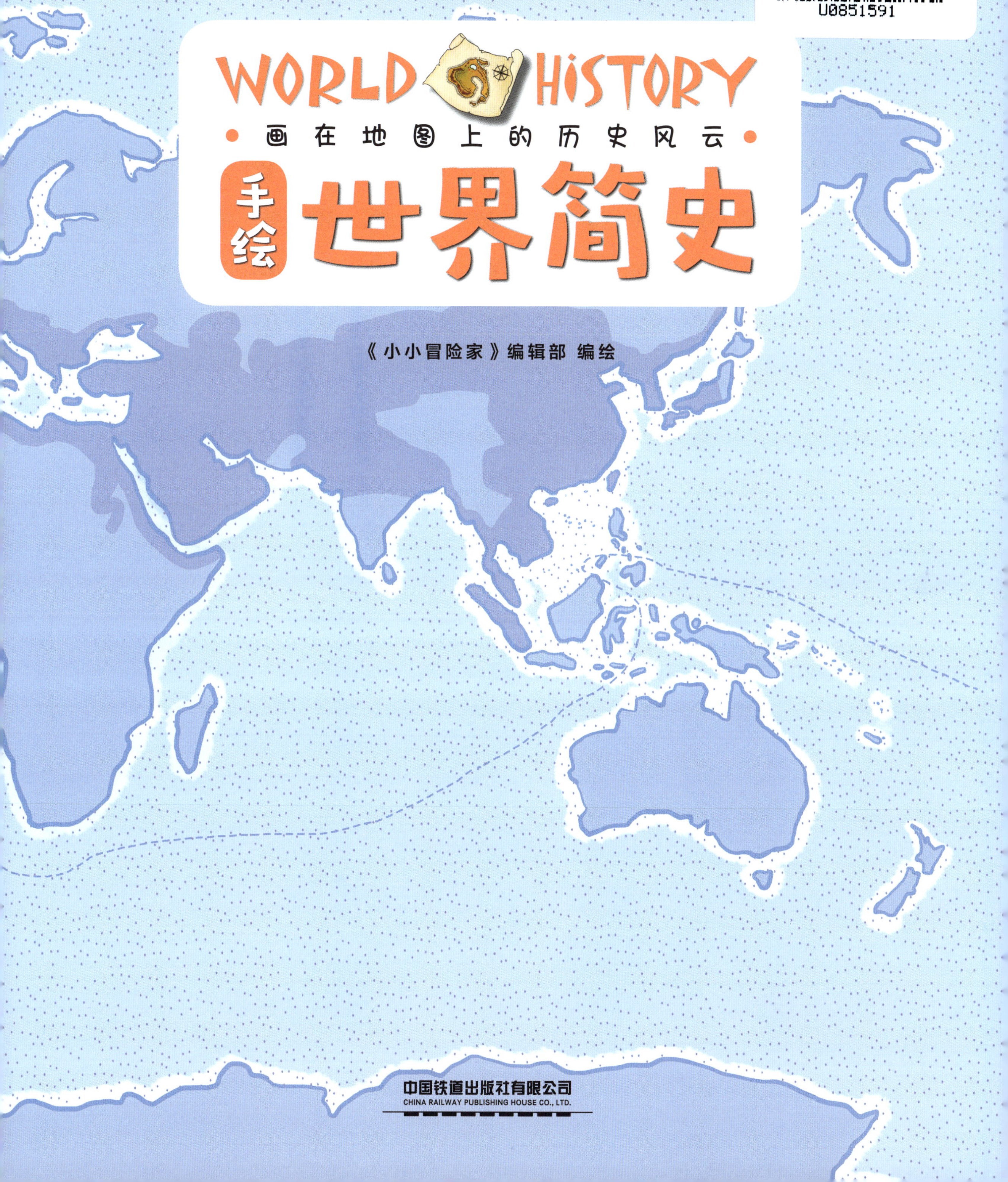

中国铁道出版社有限公司
CHINA RAILWAY PUBLISHING HOUSE CO., LTD.

献给
充满好奇心的
小朋友们

小朋友，你想要来一场精彩的历史之旅吗？让我们翻开这本精美的手绘书，一起看看那些过去的故事吧。

我们知道，历史讲述的是过去的故事，虽然无法重现，但是历史故事是发生在具体的地方的。在地图上展示历史故事，非常有助于我们去理解历史。

从古老的波斯帝国到年轻的美国，从人类的起源地非洲到奇幻神秘的拉丁美洲，从浪漫的文艺复兴到残酷的世界大战……这本书都通过直观的地图、有趣的插图，为你再现一段段精彩纷呈的历史画面。

为了让小朋友们更好地利用这本书，我们做了以下几方面的努力。

- 超大开本，为你详尽地展示地图之美
- 精美的手绘图，为你插上畅想的翅膀
- 简练的词条解释，为你介绍历史的要点
- 清晰的时间轴，为你理清时间的脉络

小朋友们，准备好了吗？

探索之旅开始啦！

4–5 世界文明起源

6–7 东汉和罗马帝国

8–9 唐朝和阿拉伯帝国

10–11 元朝和拜占庭帝国

12–13 波斯帝国

14–15 罗马帝国

16–17 拜占庭帝国

18–19 法兰克王国

20–21 神圣罗马帝国

22–23 古代科技与文化

24–25 近代科技与文化

26–27 欧洲三大思想运动

28–29 地理大发现

30–31 资产阶级革命

目录

32-33 第一次世界大战
34-35 第二次世界大战
36-37 二战海战示意图

38-39 中国
40-41 日本
42-43 朝鲜半岛
44-45 中南半岛
46-47 印度

48-49 英国
50-51 法国
52-53 德国
54-55 奥地利 匈牙利
56-57 意大利
58-59 西班牙
60-61 葡萄牙
62-63 荷兰
64-65 希腊

66-67 埃及
68-69 非洲
70-71 俄罗斯
72-73 美国
74 拉丁美洲

世界文明起源

我们生活在一个精彩的世界，漫长的时间孕育出许多灿烂的文明。从奔流不息的尼罗河到美丽浪漫的爱琴海，从土地肥沃的冲积平原到神秘莫测的热带丛林，处处都留下了文明的痕迹。关于我们的文明和历史，你想知道更多吗？那就让我们开始探索的脚步，一起去冒险吧！

古巴比伦
《汉穆拉比法典》
古巴比伦
空中花园
半坡人
牛
河姆渡人的干栏式房屋
欧洲
亚洲
葡萄
水稻
三星堆遗址
古希腊文明
古罗马文明
古巴比伦
地中海
黄河流域
小麦
两河流域
棉花
印度河流域
古代中国
古埃及
太
平
洋
古代中国文明
尼罗河流域
古印度
非
苏美尔人
摩诃菩提寺
埃及人
摩亨佐·达罗
祭祀神像
瑜伽
洲
澳大利亚原住民
古印度文明
大洋洲
印度洋
不同文明
创造的文字
SFK
玛雅人—象形文字
中国—甲骨文
古罗马—拉丁字母
腓尼基人海船

东汉和罗马帝国

中国古代的东汉和罗马帝国大致处于同一时期，它们分别是当时世界上东方和西方最强大的国家代表。东汉通过休养生息的政策，成为一个国力昌盛、文化科技繁荣的国家，这一时期发明的造纸术为人类文明做出了重要的贡献。罗马帝国通过历代统治者的不断征战，成为疆域辽阔的西方霸主，它的许多科技和文化都深深影响了西方文明的发展。

东汉	PK	罗马帝国
约 580 万平方千米	面积	约 500 万平方千米
约 6500 万	人口	4000 万 ~6500 万
25 年—220 年	统治时间	公元前 27 年—公元 395 年
汉赋、儒学 《说文解字》	文化成就	拉丁字母、《沉思录》 古罗马建筑、《圣经》
造纸术、地动仪 医书《伤寒杂病论》	科技成果	《天文学大成》 医学研究、《农业论》

丝绸之路是一条起始于中国汉朝，连接亚洲、非洲和欧洲的古代商业贸易路线。它分为“海上丝绸之路”和“陆上丝绸之路”，古代的商人、使者们就是通过丝绸之路来往于东西方各国，各种文化、科技也通过这条路线得到广泛的传播。

五斗米道
东汉人张道陵
创立的道教教派
汉隶
东汉时期的
主要文字
班超
东汉著名的军事家
经营西域
匈 奴
鲜 卑
高句丽
匈奴人
东汉时分裂为南匈奴和北匈奴
南匈奴归顺了东汉王朝
汉朝时的丝绸之路
敦煌
武威
乐浪
洛阳
（东汉都城）
东汉
广陵
今扬州
东
海
白马寺
东汉时佛教正式传入中国
修建的第一座寺庙
蜀郡
五铢钱
圆形方孔的铜钱
南海
东汉楼船
东汉的
农业和手工业
交趾
南 海
东汉的
军事装备
牛耕
东汉重装骑兵
造纸术
耧车
漆器
环首刀
用优质钢铁打造
在东汉得到普及的先进兵器

唐朝和阿拉伯帝国

7世纪开始，中国古代的唐朝和阿拉伯帝国先后崛起，成为当时世界上最强大的两个国家。唐朝经过几代君主的励精图治，先后开创了贞观之治、开元盛世等繁荣时期，它广泛的国际影响力还引得周边国家纷纷派使者前来交流学习。阿拉伯帝国经过穆罕默德和继任的哈里发们不断地扩张，成为一个地跨亚非欧三大洲的国家。它的扩张和征服行动，也给被征服地区的宗教、文化等方面带来了深远的影响。

唐朝	PK	阿拉伯帝国
约 1237 万平方千米	面积	约 1340 万平方千米
约 9000 万	人口	约 4000 万
618—907 年	统治时间	632—1258 年
唐诗、唐三彩 壁画、乐山大佛	文化成就	《一千零一夜》、清真寺 建筑
雕版印刷、火药 医书《千金方》	科技成果	天文观测、光学研究 阿拉伯炼金术

唐朝和阿拉伯帝国的友好交流 阿拉伯帝国第三任哈里发奥斯曼时期，中阿建立了正式的外交关系。据史料记载，从唐永徽二年至贞元十四年（651—798 年）的 147 年间，阿拉伯派往大唐使者的次数达 37 次之多，由此可见，双方交往十分频繁。

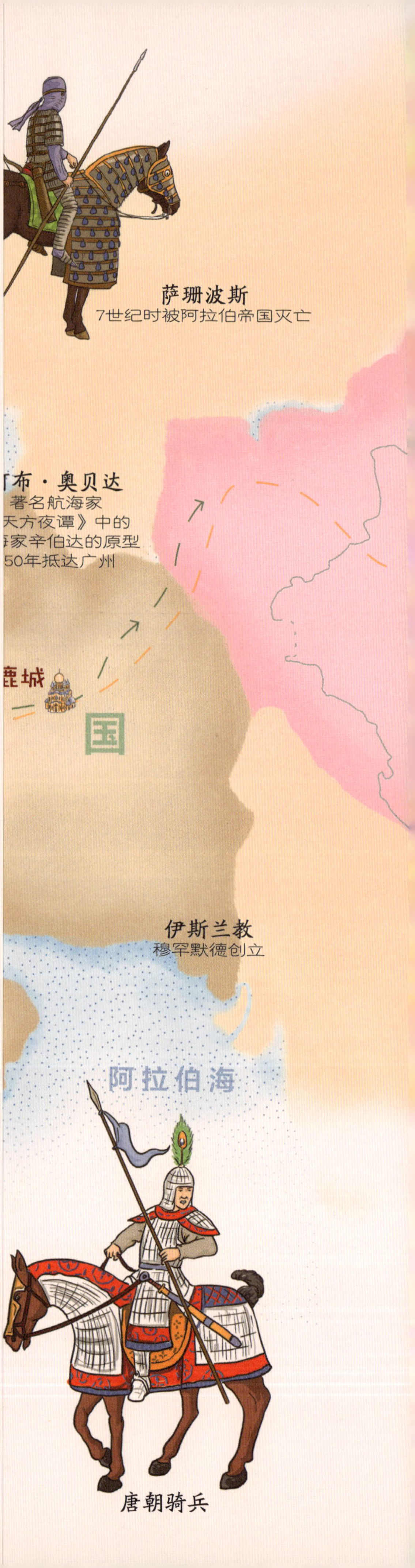

唐诗唐朝是中国历史上诗歌创作的黄金时期。当时的文人士子，以唱和吟诵诗歌作为社会交往和抒发情怀的重要方式。唐诗题材丰富，风格多样，传世的诗歌有5000多首。唐朝诗坛气象万千，名人辈出，最为著名的有李白、杜甫、白居易等。

唐朝的中外文化交流唐朝时，中外文化交流非常频繁。日本前后派遣了十几批使节到中国，阿倍仲麻吕是其中的杰出代表人物。唐高僧鉴真前后用了12年时间东渡，终于抵达日本，传播了佛学、医药、文学等。高僧玄奘历经磨难，历时4年到天竺（包括今印度、巴基斯坦、孟加拉等国）取经。阿拉伯帝国的商人经陆路、海路来到中国，贩卖珠宝、香料和药材等，有不少人在中国定居，有的人还在唐朝的朝廷中任职。

元朝和拜占庭帝国

12 世纪末 13 世纪初，铁木真逐一打败蒙古族各部，于 1206 年完成了蒙古草原的统一，建立了蒙古政权，被尊称为成吉思汗。1271 年，时任大汗忽必烈改国号为元。从罗马帝国分裂出来的拜占庭帝国几经浮沉，依然屹立于世。查士丁尼一世和巴西尔二世为拜占庭帝国带来过辉煌的黄金时期，悠久的历史也让拜占庭帝国给后人留下了丰富的文化遗产。

元朝	PK	拜占庭帝国
约 1372 万平方千米	面积	约 356 万平方千米
佛教、道教	宗教	东正教
1206—1368 年	统治时间	395—1453 年
元曲	文化成就	镶嵌画、拜占庭式建筑
农书《农桑辑要》《授时历》、地理学研究	科技成果	希腊火、医学研究

拜占庭帝国与中国的关系 中国的丝绸、瓷器通过海、陆丝绸之路运往君士坦丁堡，拜占庭帝国的玻璃、珊瑚、海西布（呢绒）等输入我国，其民间杂技如幻术也随着拜占庭人的来华而传入我国。元朝忽必烈时期来华的威尼斯商人马可·波罗还将他在元朝的经历与人合著了一本书。

马奶酒
用马奶发酵酿成
蒙古人喜爱的饮品
马头琴
蒙古人的特色乐器
敖包
蒙古人祭祀神明和祈祷的地方
蒙古包
蒙古人的“房子”
可以方便快速地搭建和拆卸
蒙古族的生活习俗
元朝的文化
赵孟頫
书法家和画家
察合台汗国
成吉思汗次子察合台建立
大都
今北京
元
郭守敬
天文学家
主持编订了
《授时历》
改进浑天仪
黄道婆
棉纺织大师
被尊为布业的始祖
永乐宫
建于元朝的道观
里面有很多珍贵的壁画
东海
杭州
成都
德里苏丹国
元曲
盛行于元朝的文艺形式
代表作品《窦娥冤》
泉州
广州
南海
棉布衣服
元朝中后期棉花
在全国范围内广泛种植
棉布成为江南人的主要衣料
《大元通制》
元朝判例和法规的汇编
关汉卿
元朝最优秀的戏剧家
《窦娥冤》就是他写的
蒙古骑兵

波斯帝国

名人

① 居鲁士大帝

居鲁士大帝是波斯帝国的缔造者。他最初是古波斯部落的首领，经过一系列战役，居鲁士大帝打败了米底、吕底亚和新巴比伦王国，建立了疆域广阔的波斯帝国。

② 大流士一世

大流士一世出身于波斯帝国王族的旁支，后来在众多贵族的帮助下登上皇位。他通过十多次大战平定了帝国内部的叛乱，并通过改革确立了中央集权的统治制度。波斯帝国也在大流士一世统治时期达到鼎盛。

③ 薛西斯一世

薛西斯一世是大流士一世的继承者，他即位后不久就镇压了一场埃及的暴乱。薛西斯一世执着于对希腊的战争，他曾亲自率军入侵雅典，但在萨拉米海战中被打败。

都　　城：帕萨尔加德、波斯波利斯、埃克巴塔纳、苏撒、巴比伦

统治时间：前 550 年—前 330 年

波斯帝国是世界历史上第一个横跨亚、非、欧三大洲的大帝国，由居鲁士大帝建立。这个最初位于今天伊朗南部的小王国在公元前 6 世纪时强势崛起，经过几代统治者不断的军事行动，建立起当时世界上疆域最大的帝国。波斯帝国在建筑、艺术等领域都留下了宝贵的遗产，如今在波斯波利斯等遗址中仍旧能看到许多昔日帝国的遗迹。

大事

甲 温泉关战役

公元前 480 年，薛西斯一世率领波斯大军入侵希腊。希腊联军在统帅列奥尼达的带领下，扼守地势险要的温泉关阻止波斯军队前进。波斯军队后来从温泉关背后的一条小路发动奇袭。列奥尼达率领的斯巴达人最终全军覆没。

前 550 年	攻克米底王国
前 530 年	征讨马萨格泰人失败被杀
前 525 年	率军征服埃及
前 522 年	
前 518 年	远征印度
前 490 年	马拉松战役
前 486 年	
前 480 年	萨拉米斯海战、温泉关战役
前 465 年	
前 424 年	

居鲁士大帝　冈比西斯二世　大流士一世　薛西斯一世　阿尔塔薛西斯一世　薛西

乙 萨拉米斯海战

公元前 480 年，波斯帝国海军组织了上千艘战舰远征希腊，双方舰队在萨拉米斯海湾进行战斗。希腊联军利用船小灵活、在狭窄海湾运转自如的优势，最终重创波斯舰队。

丙 高加米拉战役

公元前 331 年，马其顿帝国与波斯帝国在高加米拉地区进行决战。波斯帝国集结了数十万大军和数百辆镰刀战车，对决亚历山大大帝指挥的 4 万步兵和 7000 名骑兵。波斯帝国最终战败，皇帝大流士三世也在战后被杀，波斯帝国灭亡。

前 423 年 | 前 404 年 | 平定小居鲁士叛乱 前 401 年 | 远征埃及 | 前 359 年 | 征服埃及 前 343 年 | 前 338 年 | 遭宦官杀害 前 336 年 | 伊苏斯战役 前 333 年 | 高加米拉战役 前 331 年 | 前 330 年

世 | 大流士二世 | 阿尔塔薛西斯二世 | 阿尔塔薛西斯三世 | 阿尔塔薛西斯四世 | 大流士三世

③ 图拉真

图拉真是罗马帝国著名的贤明皇帝。他出生在西班牙的一个军人世家，后来凭借着自己的卓越战功和威望登上皇位。图拉真在位时将罗马帝国的疆域扩张到历史最大范围。他还巩固了国家的经济和社会制度，获得了罗马元老院赠予的“最佳元首”称号。

② 尼禄

尼禄是罗马帝国历史上著名的暴君，他既没有功，也没有治国的才能，靠着一场宫廷政变成为罗皇帝。传说，尼禄为了修建新宫还放火烧毁了罗马城由于尼禄的暴政，罗马国内爆发了大规模的起义。终元老院宣布尼禄为国家公敌，他也在逃亡途中自杀

④ 哈德良

哈德良在图拉真去世后以养子的身份继承了罗马帝位。他在位期间与帕提亚帝国缔结和约，停止了东方战争。哈德良在不列颠岛上建造了“哈德良长城”抵御“蛮族”入侵。他还是一位博学多才的皇帝，在文学、艺术、数学等领域都有很深的造诣。

⑤ 马可·奥勒留

马可·奥勒留是罗马帝国著名的“哲学家皇帝”。他具有非凡的军事才能，为了帝国的稳定征战四方。他在166年派遣使者前往中国，这是罗马与中国的首次正式交流。他著作的《沉思录》被誉为西方史上最感人的伟大名著之一。

屋大维大权独揽 前27年 | 罗马大火 64年 | 68年 | 韦帕芗结束内战 69年 | 修建古罗马竞技场 | 维苏威火山爆发 79年 | 96年 | 修筑哈德良长城 122年 | 180年 | 193年 | 塞维鲁平定内乱 197年

屋大维 | 韦帕芗 | 图拉真 | 哈德良 | 马可·奥勒留 | 塞维鲁

朱里亚·克劳狄王朝 | 弗拉维王朝 | 安敦尼王朝 | 塞维鲁王

五 贤 帝 时 期

罗马帝国

都　　城：罗马、君士坦丁堡

统治时间：前 27 年—公元 476 年

罗马帝国是古罗马文明的一个重要阶段，也是世界历史上最强大的帝国之一。它在极盛时期经济繁荣，广阔的疆域横跨亚、非、欧三大洲，把地中海变成了内海。罗马帝国在科学、文化、建筑、艺术等领域都留下了宝贵的遗产，如今在意大利、西班牙等国家仍旧能看到许多罗马帝国时期的建筑遗迹。

名人

① 屋大维

屋大维是罗马帝国的开国君主，他在养父恺撒大帝被刺杀后登上罗马的政治舞台。屋大维平定了企图分裂罗马的内乱，结束了国家长期混战的局面。他统治罗马长达 40 多年，让帝国进入了一段和平稳定的繁荣时期。屋大维去世后，罗马元老院将他列入“神”的行列，并将 8 月用他的尊号“奥古斯都”命名。

⑥ 君士坦丁大帝

君士坦丁大帝是罗马帝国历史上第一位皈依基督教的皇帝。他在多次内战中获胜后成为罗马帝国唯一的统治者，并将都城迁到君士坦丁堡。他在位期间推进政府和军事改革，加固帝国的边防，并且承认在帝国内部所有宗教信仰的自由。

拜占庭帝国

都　　城：君士坦丁堡

统治时间：395 年—1453 年

拜占庭帝国原本是罗马帝国的东半部分，罗马帝国分裂之后成为一个独立的国家。拜占庭帝国历经十多个王朝，一直与周边的民族势力纷争不断，它的疆域也在不断地变动。萨珊波斯人、阿拉伯人都曾是它强大的对手。查士丁尼一世、巴西尔二世是拜占庭帝国历史上重要的人物，他们曾为帝国带来辉煌的黄金时期。拜占庭帝国在悠久历史中保存下来的古典希腊和罗马文献资料以及理性的哲学思想，启发了西方文艺复兴运动的发展。

名人

① 查士丁尼一世

查士丁尼一世是拜占庭帝国历史上最杰出的君主之一。他在位期间通过对外战争收复失土，重新控制了意大利、北非等地区。他下令编成的《查士丁尼法典》代表着罗马法的最高成就，对后世法律制定影响很大。

② 希拉克略

希拉克略是拜占庭帝国希拉克略王朝的第一位皇帝。他统治时期完成希腊化改革，并收复了被萨珊波斯侵占的领土。希拉克略统治后期遇到阿拉伯帝国的崛起，身患重病的他也无力阻止阿拉伯人的入侵。

③ 利奥三世

利奥三世是拜占庭帝国伊苏里亚王朝的开创者。他原本是拜占庭帝国的一位将领，在阿拉伯人的协助下于717年夺得帝位。他即位后击退了阿拉伯人对君士坦丁堡的围攻，并发起了破坏圣像运动。

④ 巴西尔二世

巴西尔二世是拜占庭帝国历史上在位时间最长的皇帝。他在位期间通过征战从阿拉伯人手中收复了叙利亚地区，并在1018年灭亡了盛极一时的保加利亚第一帝国。拜占庭帝国在巴西尔二世的统治下迎来第二次黄金时期。

- 395 年　阿尔卡狄乌斯　**狄奥多西王朝**
- 457 年　匈奴人和西哥特人的入侵　利奥一世　**利奥王朝**
- 518 年　收复大量罗马帝国故土　查士丁尼一世　**查士丁尼王朝**
- 希拉克略登基 610 年　阿拉伯帝国入侵　希拉克略　**希拉克略王朝**
- 717 年　击败阿拉伯人的入侵 718 年　破坏圣像运动　利奥三世　**伊苏里亚王朝**
- 820 年　米海尔二世　**弗里吉亚王朝**
- 867 年　征服保加利亚第一帝国 1018 年　巴西尔二世　**马其顿王朝**

乙 曼齐克特之战

1071 年，拜占庭帝国与塞尔柱帝国在小亚细亚地区交战。拜占庭帝国军队遭遇惨败，皇帝罗曼努斯四世被俘。拜占庭帝国也在战后逐渐失去了主要的兵源补充地——小亚细亚地区。

甲 破坏圣像运动

8 世纪至 9 世纪之间，拜占庭帝国内部发起了一场破坏基督教会供奉圣像、圣物的运动。占有大量土地和人口资源的基督教会在这场运动中受到严重打击。

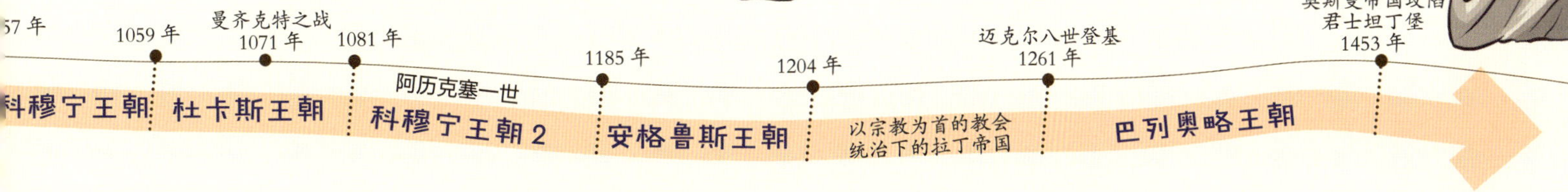

法兰克王国

都　　城： 亚琛

统治时间： 486 年—843 年

法兰克人是日耳曼民族中一支强大的部落，他们趁着西罗马帝国崩溃之时扩张地盘，并在 5 世纪时建立了法兰克王国。法兰克王国经过墨洛温王朝和加洛林王朝的统治，疆域不断扩张变大，到了查理大帝在位时达到顶峰。法兰克王国曾经统治了欧洲大部分的领土，它在政治、文化等方面对后来的法国、德国等国家都有着深远的影响。

名人

① 克洛维一世

克洛维一世本来是一个法兰克人部落首领的儿子，他继位后迅速征服了邻近的几个法兰克人部落。克洛维一世在 486 年打败罗马帝国在高卢的最后一任总督，成为高卢的统治者，奠定了法兰克王国的版图。

② 丕平三世

丕平三世是法兰克王国宫相查理·马特（丕平二世之子）的儿子，他在父亲去世后又击败哥哥，成为法兰克王国实际的统治者。丕平三世通过与教皇的合作，在 751 年篡位开创了加洛林王朝。

③ 查理大帝

查理大帝是法兰克王国历史上最杰出的统治者。他在 768 年继承王位，在位时间长达 40 多年。他通过不断的征服与扩张，统治了欧洲大部分的领土。他在 800 年接受教皇的加冕，成为罗马帝国的继承人和天主教世界的保护者。

486 年	511 年	558 年	561 年	613 年	629 年
克洛维征服高卢	克洛维一世去世 王国分裂	统一法兰克王国	克洛泰尔一世去世 王国分裂		

克洛维一世　克洛泰尔一世　克洛泰尔二世

墨　洛　温

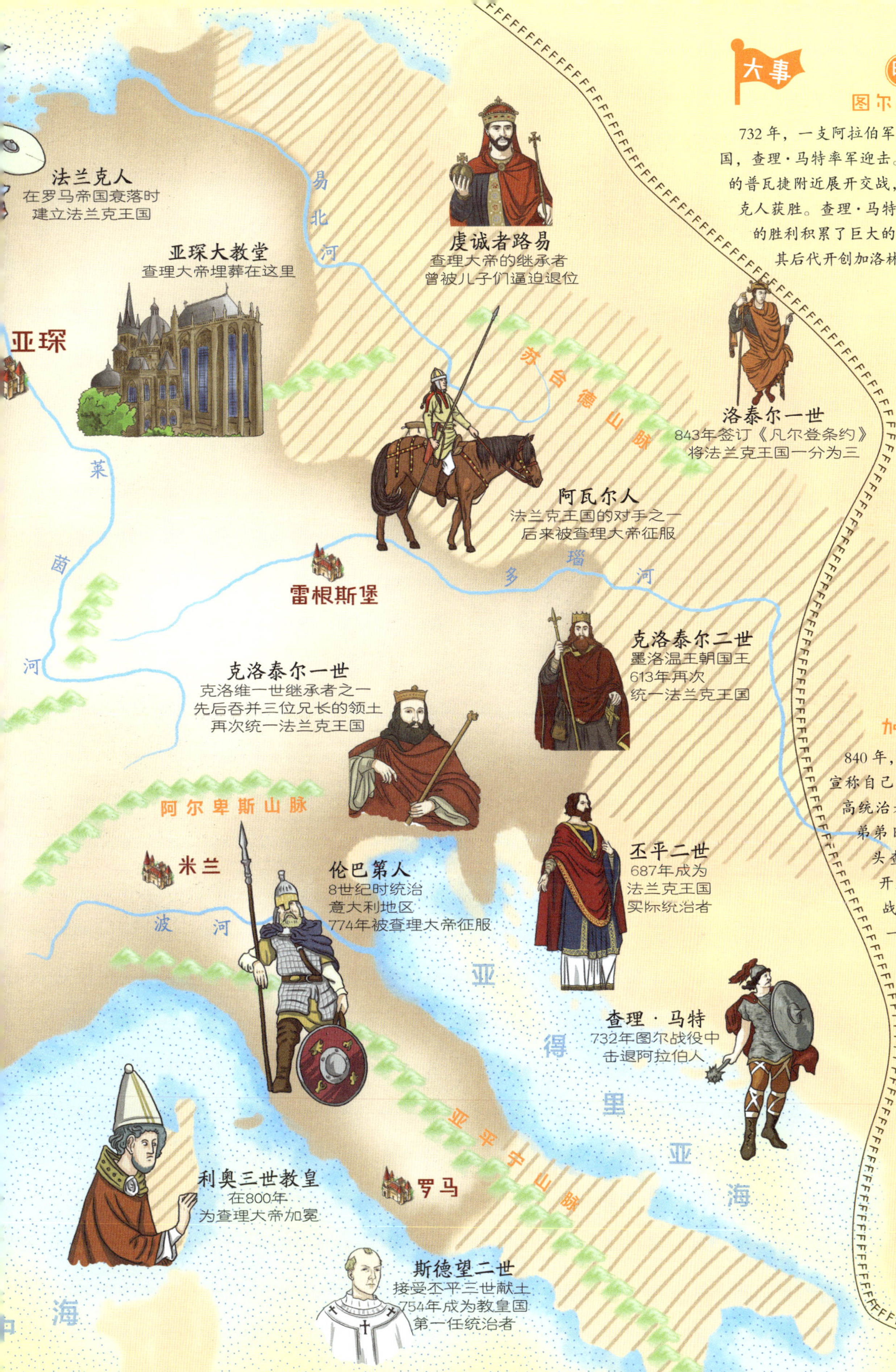

大事

甲 图尔战役

732年，一支阿拉伯军队入侵法兰克王国，查理·马特率军迎击。双方在法国的普瓦捷附近展开交战，结果法兰克人获胜。查理·马特凭借此战的胜利积累了巨大的声望，为其后代开创加洛林王朝奠定了基础。

乙 加洛林文艺复兴

8世纪的欧洲人普遍处于文盲或半文盲状态。查理大帝和其继承者为了改变这种状况，招揽了许多优秀的学者，恢复和兴办学校与图书馆，形成了文艺复兴的局面。

丙 加洛林内战

840年，洛泰尔一世即位，宣称自己是法兰克王国的最高统治者。洛泰尔一世的弟弟日耳曼人路易和秃头查理结成联盟，展开反对洛泰尔一世的战争。最终，洛泰尔一世战败，三方随后签订《凡尔登条约》。

丁 《凡尔登条约》

843年，查理大帝的三个孙子签订《凡尔登条约》，将法兰克王国分为三部分。日耳曼人路易分得东法兰克。秃头查理分得西法兰克。洛泰尔一世分得从荷兰中部到意大利北部的帝国中部地区。

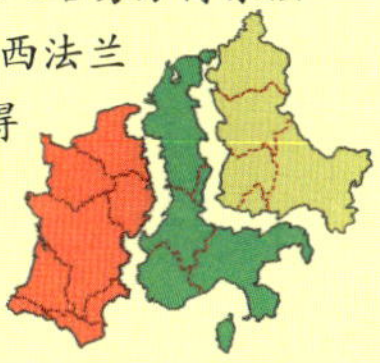

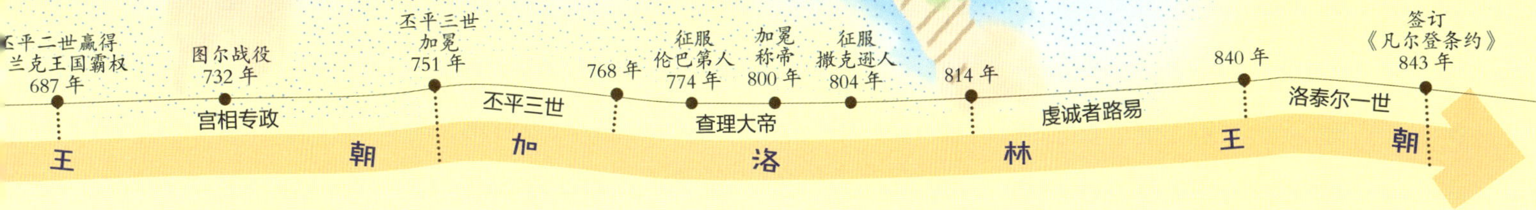

神圣罗马帝国

都　　城： 无确定首都

统治时间： 962 年—1806 年

神圣罗马帝国在欧洲存在了近 900 年，它在鼎盛时期占据了欧洲中西部绝大部分的地区。帝国经历了许多家族和王朝的统治，奥托一世、查理五世等人是帝国历史上重要的人物。悠久的历史和广阔的疆域，让欧洲的许多地方都留下了神圣罗马帝国的痕迹，德国、奥地利等帝国核心区域能找到许多重要的历史遗迹。

名人

①奥托一世

奥托一世是神圣罗马帝国第一任皇帝。他在 936 年继承了东法兰克王国的王位，之后镇压了多次叛乱稳固了自己的统治。奥托一世在 962 年得到教皇加冕，正式建立神圣罗马帝国。

②奥托二世

神圣罗马帝国第二任皇帝，973 年征服波兰大公。

③亨利二世

1002 年发动政变成为国王，1014 年在意大利加冕为皇帝。

④亨利四世

亨利四世是神圣罗马帝国萨利安王朝的第三任君主。他曾经因为与教皇发生冲突受到教会的惩罚。亨利四世后来率军进攻意大利，并在 1084 年攻占罗马，任命了新教皇并接受加冕。

⑤腓特烈一世

腓特烈一世在 1152 年成为德意志的国王。他在位期间致力于打击国内诸侯的势力，并在 1155 年加冕为神圣罗马帝国皇帝。

大事

甲 叙任权斗争

1075 年，神圣罗马帝国皇帝亨利四世与教皇格列高利七世为了争夺任命教会职务的权力发生激烈冲突。

乙 神圣罗马帝国时期著名的音乐家

丙 奥斯特里茨战役

1805 年 12 月，法国皇帝拿破仑率军与俄罗斯和神圣罗马帝国联军在奥斯特里茨展开激战。拿破仑最终取得此战的胜利，神圣罗马帝国也在不久后灭亡。

6 亨利六世

1194 年征服西西里王国，俘虏英格兰国王狮心王理查。

7 鲁道夫一世

1273 年当选为国王，是奥地利哈布斯堡王朝奠基人。

8 查理五世

查理五世是哈布斯堡王朝的一位强大君主。他在继承了父亲等人的领地后，成为西班牙、意大利等地区的统治者，并在 1519 年当选神圣罗马帝国皇帝。查理五世还在非洲和美洲拥有广阔的殖民地，他的帝国也被称为“日不落帝国”。

9 弗朗茨二世

神圣罗马帝国末代皇帝，1806 年被拿破仑逼迫退位。

奥托一世加冕称帝 962 年 | 1024 年 | 叙任权斗争 1075 年 | 1125 年 | 1138 年 | 1254 年 | 鲁道夫一世登基 1273 年 | 1291 年 | 1308 年 | 查理四世确立七个选帝侯 1356 年 | 1437 年 | 1438 年 | 德国宗教改革 1517 年 | 三十年战争 1618－1648 年 | 弗朗茨二世放弃帝号 1806 年

奥托一世 | 亨利四世 | 腓特烈一世 | 亨利六世 | 查理五世 | 弗朗茨二世

奥托王朝 | 萨利安王朝 | 霍亨斯陶芬王朝 | 大空位时期 | 哈布斯堡王朝 | 卢森堡王朝 | 哈布斯堡王朝

古代科技与文化

科学技术是第一生产力，对推动社会的发展有着至关重要的作用；文化是一个国家、一个民族发展的核心。这里我们从这两个维度来看看世界发展的历程。这里讲述的时间范围从文明起源之后开始，到 1500 年。

《荷马史诗》

《荷马史诗》是古希腊著名的英雄史诗。相传，它是在民间口头创作的基础上，由盲诗人荷马（约前 9—前 8 世纪）加工整理而成的。它包括《伊利亚特》和《奥德赛》两部

《荷马史诗》是一部不朽的世界文学名作，它再现了古代希腊社会的图景，是研究早期希腊社会的重要史料。

苏格拉底

思想家、哲学家，西方哲学的奠基人之一。苏格拉底（前 469—前399）出生于希腊雅典一个普通市民家庭，知识渊博，擅长辩论，喜欢在公共场所以提问和交谈的方式讨论各类问题。被雅典执政当局以腐蚀雅典青年、否定传统的神而宣传自己的新神的罪名，逮捕处死。他本人没有著作传世，思想言行散见于学生的著述中。苏格拉底使哲学真正成为一门研究“人”的学问。

《俄狄浦斯王》

十全十美的悲剧，古希腊悲剧的最高成就。《俄狄浦斯王》是古希腊悲剧作家索福克勒斯的代表作品之一，表现了雅典的政治制度和伦理道德的斗争，语言雄浑有力，寓意深刻。约在公元前 431 年首演。

《俄狄浦斯王》取材于希腊神话传说中关于俄狄浦斯杀父娶母的故事，展示了富有典型意义的悲剧冲突——人跟命运的冲突。

孔子

大思想家、大教育家，儒家学派的创始人。孔子（前 551—前 449）是中国春秋后期鲁国人，出生于下层贵族家庭。他从小学习礼乐，年轻时做过小吏，后收徒办学，成为知名学者。曾周游列国宣传自己的政治主张，晚年回到家乡从事教育和整理编订文化典籍。他的思想后来由弟子整理成《论语》一书。

孔子的核心思想是“仁”，提出“仁者爱人”，即要有爱心和同情心，“己所不欲，勿施于人”。政治上主张以德治国，要求统治者爱惜民力，体察民情。自汉代以后，以孔子学说为基础的儒家思想成为中国两千余年传统文化的主流，影响极大，在东亚各国也有着广泛影响。

《一千零一夜》

阿拉伯文学瑰宝。《一千零一夜》是阿拉伯民间故事集，又叫《天方夜谭》，生动描绘了阿拉伯帝国和亚洲一些国家的社会制度、风土人情。包括寓言、童话、恋爱故事、冒险故事、名人轶事，《阿里巴巴和四十大盗》《阿拉丁和神灯》《航海家辛巴达》等，是其中脍炙人口的名篇。

《一千零一夜》构思奇妙，想象丰富，情节曲折，描写生动，很多音乐、绘画和文学作品从中取材。

唐诗

唐朝（618—907）时，诗歌的发展进入黄金时期。至今，我们还能看到唐朝两千多位诗人的近五万首诗歌。唐诗是中国文学的瑰宝，对中国后世、对世界上很多国家和民族影响极大。

高适、岑参等人的边塞诗，写出了边塞景物的雄奇壮观和军旅生活的英武豪放；孟浩然、王维等人的山水诗，景物如画，意境幽深。

李白、杜甫和白居易是唐诗发展繁荣的丰碑：李白以浪漫主义的创作，赢得“诗仙”的美誉；杜甫以现实主义的“诗史”，被誉为“诗圣”；白居易则创作了大量平实浅近、针砭时弊的讽喻诗。

麦加大清真寺

伊斯兰教第一大圣寺。麦加大清真寺坐落在沙特阿拉伯麦加城中心，寺院四周严禁杀生、斗殴和一切邪恶行为，所以又称“禁寺”。寺内中心的克尔白神庙，是前来朝觐的穆斯林必须拜谒的地方。

屈原

诗人，中国浪漫主义文学奠基人。屈原（约前340—约前278）是楚国贵族，早年辅佐楚怀王，后遭到贵族谗害被先后流放到汉北和沅湘流域。楚国都城郢被秦军攻破后，自沉于汨罗江，以身殉国。代表作有《离骚》《九歌》《天问》。

屈原创造了骚体这一新的诗歌形式，其作品浪漫的精神气质、象征手法的运用，对中国后世的文学创作有重大影响。

阿基米德

科学家、数学家、物理学家，“力学之父”。阿基米德（公元前287年—公元前212年）生于希腊西西里岛叙拉古一个贵族家庭，曾在亚历山大城学习，第二次布匿战争中被攻陷西西里岛叙拉古城的罗马士兵利剑刺死。

他以发现杠杆定律和浮力定律而闻名；他引入重心的概念，并提出确定物体重心的方法；他确定了许多物体的表面积和体积的计算方法；他发明的螺旋式水车，可以用来排水或灌溉。

巴黎圣母院

法国巴黎著名地标，历史上最为辉煌的建筑之一。巴黎圣母院屹立于巴黎市中心塞纳河中的一个岛上，建于12世纪，前后用了180多年的时间才全部建成，是巴黎最古老、最高大的天主教堂。

它是一座典型的哥特式建筑，这类建筑盛行于12—15世纪，最重要的特征就在高直二字——形体高俊，屋顶、塔楼所有顶端都筑造尖塔，并装置五颜六色的彩色玻璃窗。

中国画

中国画又称国画，在世界美术领域自成独特体系。国画注重写意传神，追求“得意忘形”。画家们用笔、墨和矿物颜料，在纸、绢等材料上，用工笔、写意、勾勒、没骨、设色等技法，用钩皴点染、干湿浓淡、虚实疏密、阴阳向背和留白等表现手法，创作出不同风格的人物、山水、花鸟等不同类型的画。代表画家有东晋顾恺之、唐代吴道子、宋代李公麟、元代黄公望等。

四大发明

火药、指南针、造纸术和活字印刷术这四大发明是中国古代最有代表性的科技成就。

西汉前期，中国已经有了纸。105年，东汉宦官蔡伦改进造纸术，用树皮、麻头等便宜易得的原料造出便于书写的纸。

隋唐之际，中国出现了雕版印刷术。11世纪中叶，北宋平民毕昇发明了胶泥活字印刷术。

中国古代炼丹师在炼丹时发明了火药。唐末，火药开始用于军事。宋朝军事上广泛使用火药。

世界上最早的指南仪器是中国在战国时期发明的“司南”。后来，人们利用磁铁指南的特性，制成指南针。北宋时，指南针应用于航海。

四大发明问世以后，逐渐走向世界。造纸术经由阿拉伯人传入欧洲，促进了欧洲文化的发展。火药传入欧洲，推动了欧洲火药武器的发展，靠冷兵器耀武扬威的骑士阶层日益衰落。指南针的使用，促进了远洋航行，迎来了地理大发现的时代。欧洲人还借鉴中国人的印刷术，造出了自己的活字印刷机，大大推动了文艺复兴运动和宗教改革，促进了思想解放和社会进步。

亚里士多德

哲学家、科学家，古希腊哲学的集大成者，“百科全书式的学者”。亚里士多德（前384—前322）曾在雅典跟随苏格拉底的学生柏拉图学习长达20年，还曾担任少年亚历山大大帝的老师。著作有《形而上学》《物理学》《逻辑学》等。

亚里士多德知识渊博，他的著作构建了西方哲学的第一个广泛体系。在逻辑学上，开创了三段论的演绎推理形式。他还是杰出的科学家，创立了物理学、植物学、动物学等科学体系，为后世学科的发展奠定了基础，开辟了方向。

近代科技与文化

这里讲述的时间范围从 1500 年开始，到 19 世纪末 20 世纪初。世界近代史就是资本主义在西方上升、发展、向全世界扩张并在全世界产生巨大影响的历史。1500 年前后，地理大发现、文艺复兴、宗教改革等一系列重大事件发生，导致西方资本主义的发展，从而引起了遍及世界各地区的社会经济的重大变化，所以我们这里从 1500 年开始讲起。

注：中国近代史是从 1840 年鸦片战争到 1919 年五四运动前夕，特此说明。

文艺复兴

14—16 世纪欧洲新兴资产阶级思想文化运动。最初开始于意大利，后来扩大到德、法、英、荷等欧洲其他国家。

文艺复兴运动时期是一个巨人辈出的光辉时代，涌现出许多文学家、思想家和艺术大师，像意大利的诗人但丁、作家薄伽丘、画家达·芬奇、雕塑家米开朗琪罗，法国的小说家拉伯雷，英国的剧作家和诗人莎士比亚。

牛顿

科学家，近代自然科学的奠基人之一。牛顿（1643—1727）出生于英国林肯郡乡下的一个小村落，毕业于剑桥大学，在天文学、数学、力学等领域都有杰出贡献，万有引力定律、光学分析和微积分学是他的三大成就。他的科学发现，使人类对客观世界的探索向前迈进了一大步。

伽利略

物理学家、天文学家，近代实验科学的奠基人之一。伽利略（1564—1642）出生于意大利比萨一个没落贵族家庭，早年进入修道院学习宗教和哲学，后来进入比萨大学学医。

伽利略通过实验，发现了自由落体定律，开创了以实验事实为根据并具有严密逻辑体系的近代科学，为后来经典力学的创立和发展奠定了基础。他用自己制造的望远镜发现了许多用肉眼看不见的星体，证明了哥白尼提出的“日心说”的正确性。

达尔文

生物学家，进化论的奠基人。达尔文（1809—1882）出生于英国什罗普郡一个富裕的家庭，大学毕业后乘坐贝格尔号舰作了历时 5 年的环球航行，对动植物和地质结构等进行了大量的观察和采集。

1859 年，达尔文出版了《物种起源》，提出“进化论”的观点，《物种起源》的出版，打破了千百年来“上帝创造万物”的神创论，是生物科学的一次伟大革命。

蒸汽机的应用

18 世纪 60 年代，英国人瓦特改良了蒸汽机，他研制的蒸汽机除了用作提水外，还可以带动机床、织布机，纺织业、采矿业、冶金业、造纸业等工业部门，先后采用蒸汽机作为动力，极大地提高了生产力，工业革命得以更快地向纵深发展。

到了 19 世纪三四十年代，蒸汽机在欧洲和北美被广泛采用，工场手工作坊转变为机械大工业工厂，真正意义上的社会化大生产逐渐形成。

启蒙运动

17—18 世纪资产阶级的思想解放运动。英国最先出现启蒙思想，法国是启蒙运动的中心，随后扩展到欧洲和美洲。思想是“理性崇拜”。代表人物有法国的伏尔泰、卢梭、孟德斯鸠，德国的康德等。

启蒙运动全面清算了封建意识形态，把人们的思想从宗教神学和封建专制的禁锢中解放出来，为欧洲资产阶级革命做了思想准备和舆论宣传。

贝多芬

天才作曲家，维也纳古典乐派代表人物之一。贝多芬（1770—1827）生于德国波恩一个音乐世家，自小跟着父亲学习音乐，19 岁在波恩大学旁听哲学时接触到启蒙思想。他创作的音乐充满了超乎常人的想象力和激情，富有想象力。

第三交响曲《英雄交响曲》是他的代表作之一，它气势磅礴，感情奔放，表达出作曲者对自由、平等和博爱的渴望。

京剧

清朝乾隆末年，安徽的徽剧戏班进京演出，风行一时。道光年间，又有湖北汉剧艺人进京，参加徽班的演出，形成“徽汉合流”的局面。经过徽汉艺人的表演实践，徽剧与汉剧互相融合，兼收其他民间曲调的唱腔、剧目和表演方式，形成了一个新的剧目，就是后来的京剧。同治、光绪年间，京剧走向成熟，涌现出程长庚、谭鑫培等号称“同光十三绝”的著名艺人。后来，它又逐步走向世界，受到各国人民的喜爱。

梵·高

画家，印象派代表人物。梵·高（1853—1890）出生于荷兰津德尔特的一个牧师家庭，早年做过职员、商行经纪人、传教士，27 岁才开始画画。

梵·高在短暂的艺术生涯中，创作了大量的油画、素描和版画。代表作有很多，如《夜间的咖啡馆》《向日葵》等。《向日葵》中明亮、艳丽的黄色花瓣，表达了画家对生命的赞美和对美好生活的向往。

列夫·托尔斯泰

世界最伟大的作家之一。托尔斯泰（1828—1910）生于俄国一个贵族家庭，代表作品有《战争与和平》《安娜·卡列尼娜》《复活》。

他的小说，在宏阔的社会背景下描绘出俄国社会各阶层的生活场景。托尔斯泰在作品中一方面深刻揭露了俄国专制主义和地主对农民的残酷压榨，另一方面又否认暴力革命，宣扬道德上的博爱。

电的使用

远在 2500 多年前，古希腊人就发现了“电”的存在。后世有不少科学家研究电，也取得了一定的成就。1831 年，英国科学家法拉第发现了电磁感应现象。1866 年，德国人西门子研制发电机成功。同时，电动机也制造出来了。接着电灯、电车、电话等电气产品纷纷问世，改变了人类的生产和生活，世界由此进入了“电气时代”。

巴尔扎克

19 世纪最伟大的作家之一。巴尔扎克（1799—1850）生于法国图尔城一个中产阶级家庭，学过法律，曾在公证人事务所工作，后专心写作。

当时法国正处于资本主义兴起和发展的社会转型时期，巴尔扎克把所见所闻融入小说写作中，完成了一套名为“人间喜剧”的系列小说。他的经典作品《高老头》《欧也妮·葛朗台》等，再现了法国 19 世纪早期纷繁复杂的社会图景，给后人留下了一部法国社会特别是巴黎上流社会的变迁史。

欧洲三大思想运动

14 世纪至 18 世纪，欧洲接连发生了文艺复兴、宗教改革和启蒙运动。人们通过复兴古希腊和罗马文化，宣扬理性、自由等方式，表达对封建专制和神学愚昧迷信的不满。这三次思想运动解放了人们的思想，促进了欧洲在政治、经济等方面的进步。

文艺复兴

时间
14—17 世纪

代表人物
但丁、莎士比亚、达·芬奇

作品
《神曲》《罗密欧与朱丽叶》《蒙娜丽莎》

宗教改革

时间
16 世纪

代表人物
约翰·加尔文、马丁·路德

事件
特伦托会议
亨利八世创立英国国教

启蒙运动

时间
17—18 世纪

代表人物
卢梭、孟德斯鸠、伏尔泰

成果
“三权分立”学说
《社会契约论》
《百科全书》

汉堡
印刷术
让更多的人读到《圣经》
引发人们对教会解释的质疑
康德
启蒙运动晚期哲学家
德国古典哲学创始人
《蒙娜丽莎》
达·芬奇的代表画作
《堂·吉诃德》
塞万提斯创作于17世纪
科隆
约翰·加尔文
法国宗教改革家
基督新教改革宗
创始人
圣彼得大教堂
许多文艺复兴时期艺术大师
参与建造的天主教圣殿
圣母百花大教堂
文艺复兴时期建筑
教堂的圆顶十分出名
维也纳
文艺复兴时的
作品和建筑
美第奇家族
文艺复兴的赞助商人
文艺复兴时的
文学家
卡蒙斯
葡萄牙诗人
塞万提斯
西班牙作家
代表作《堂·吉诃德》
威尼斯
莎士比亚
英国剧作家
拉伯雷
法国作家
代表作《巨人传》
热那亚
佛罗伦萨
文艺复兴的发祥地
但丁
意大利文艺复兴时诗人
代表作《神曲》
罗马
赎罪券
天主教发行的一种
可以为教徒减免罪孽的东西
后来变成教会搜刮钱财的工具
那不勒斯
丢勒
德国画家
IHS
耶稣会
16世纪成立的天主教修会
目的是对抗宗教改革的风潮
教皇保罗三世
16世纪中期发起
反宗教改革运动
并整顿天主教会
米开朗琪罗
意大利艺术家
代表文艺复兴时
雕塑艺术的最高成就
拉斐尔
意大利画家
创作了大量的圣母像
地
中
海
文艺复兴时的
艺术家

船舵
控制船的方向
北美洲
北美洲原住民
（印第安人）
卡波特
为英国开拓北美
殖民地开拓了道路
卡波特1497年
巴伦支1596—1597年
英国 荷兰
欧
恩里克王子
建立了世界上
第一所航海学校
葡萄牙
西班牙
卡波特1498年
玉米
哥伦布
在巴哈马群岛登陆
1778年1月库克船长
发现了夏威夷群岛
哥伦布1492—1493年
辣椒
西印度群岛
圣玛利亚号
哥伦布的旗舰船只
1492年从西班牙出发
迪亚士
1487年从里斯本出发
航海到达非洲好望角
非
太平洋
柠檬
防止船员
得坏血病（维生素C缺乏病）
卡布拉尔
1500年在前往印度的
航行中发现巴西
望远镜
亚马孙雨林原住民
巴西
南美洲
大西洋
可可
救生圈
巴西坚果
麦哲伦1519—1520年
达·伽马
1497年从葡萄牙
里斯本出发
指南针
帮助船员
辨别方向
麦哲伦海峡
好望角
迪亚士
最先发现这里
麦哲伦
带领船队完成
环球航行
卡拉维尔帆船
更轻便的远洋帆船
航海地图

地理大发现

地理大发现发生在15—17世纪，也被人们称为航海时代。欧洲的船队在这一时期通过远洋航行，发现了许多未知的地方。地理大发现极大地扩展了已知世界的范围，哥伦布、达·伽马等人更因为自己卓越的表现成为历史上著名的大航海家。

资产阶级革命

地理大发现以后，资本主义发展迅速，资产阶级的力量不断壮大。资产阶级为了争取更大的权利，与封建专制统治者矛盾不断激化。从16世纪中期尼德兰革命开始，英国、美国、法国等国家先后爆发资产阶级革命，许多封建专制统治在革命中被推翻，为资本主义的发展扫清了障碍。

英国/1688年/光荣革命

1688年，英国国王詹姆斯二世颁布了一系列有利于天主教的政策。为了防止天主教复辟，资产阶级和新贵族决定推翻詹姆斯二世的统治，并邀请詹姆斯二世的女儿和女婿——玛丽二世和荷兰执政威廉三世前来英国继承王位。

中国 /1911 年 / 武昌起义

1911 年 10 月 10 日，武昌起义爆发。以这次起义为开端的辛亥革命最终推翻了清政府的统治，结束了中国两千多年的封建君主专制制度。

法国 /1789 年 / 攻占巴士底狱

1789 年 7 月 14 日，有消息称法国国王路易十六要解散国民议会，这在巴黎引起了骚动。愤怒的巴黎市民手拿武器攻占了象征着王权的巴士底监狱，并释放了监狱中关押的政治犯。波澜壮阔的法国大革命也从此拉开了序幕。

美国 /19 世纪 / 南北战争

南北战争是美国在 19 世纪中期发生的一场内战，也被视为美国第二次资产阶级革命。最终林肯领导的北方联邦战胜了南方联盟，维护了国家的统一。南北战争也摧毁了奴隶制度，为美国资本主义的发展扫清了道路。

第一次世界大战

第一次世界大战发生在1914年至1918年间，是当时的列强为了重新瓜分世界而引发的一场非正义战争。战争主要发生在欧洲，但最终波及全球绝大多数的国家。最终以英法为首的协约国集团战胜了以德奥为首的同盟国集团，但数以千万的人员伤亡及巨额的经济损失也让交战各国受到重创。

同盟国
1917年3月8日
俄国爆发二月革命,沙皇退位
1917年11月列宁领导十月革命，
之后俄国退出第一次世界大战
德国高射炮
俄
国
德国
威廉二世
钢盔
1915年5月德奥联军
进击俄军
奥匈
帝国
火炮
弗朗茨·约瑟夫一世
士兵
迫击炮
护士
奥匈帝国
意大利
开战不久倒向
协约国，对同
盟国宣战
1916年8月
罗马尼亚向同盟国宣战
加夫里若·普林西普
刺杀斐迪南大公夫妇
保
加
利
亚
1915年9月保加利亚加入同盟国
随后出兵进攻塞尔维亚
1914年10月
土耳其对协约国宣战
1915年2月—1916年1月
加里波利之战
土耳其打败协约国联军
重机枪
奥斯曼帝国
巨型炮弹
1917年3月
英军攻克巴格达
冲锋枪
1916年6月—1918年10月
阿拉伯起义
巡洋舰
驱逐舰
海
1917年12月
英军占领耶路撒冷

德国控制区域
达到的最大范围
1939年—1945年
大西洋海战
1940年8月
不列颠空战
1940年5月
敦刻尔克大撤退
1940年4月—1942年4月
德国入侵挪威和丹麦
欧
洲
1941年9月—1942年4月
莫斯科保卫战
喀秋莎火箭炮
能迅速将大量炸药
倾泻于目标
发射导
1941年6月
巴巴罗萨计划，德国进攻苏联
反潜鱼雷
潜艇的克星
1939年9月
德国闪击波兰
1945年5月
德军投降
1944年6月
诺曼底登陆
法国
1938年
德国吞并奥地利
1943年7月—8月
库尔斯克战役
苏联重创德军
1942年7月—1943年2月
斯大林格勒保卫战
亚
洲
1940年6月
法国投降
1940年10月
德国进攻罗马尼亚
1945年
雅尔塔协定
美国、英国、苏联瓜分战后
远东势力范围
U型潜艇
大西洋上最让人
恐惧的武器
意大利
1943年7月
盟军在西西里岛
登陆
1941年4月
希腊投降
1942年11月
火炬行动
英美盟军在法属北非登陆
随后开展突尼斯战役
1942年10月—11月
阿拉曼战役
盟军扭转北非战场形势
1943年11月
德黑兰会议
盟军决定开辟第二战场
1940年7月
意大利进攻北非
西部沙漠战役开始
1943年11月
开罗会议
盟军制定反攻日本的战略
抗日战争是中国人民于20世纪三
四十年代在中国共产党主张建立的抗
日民族统一战线旗帜下，以国共合作
为基础，全国各族人民包括港澳台同
胞、海外侨胞共同进行的抗击日本帝
国主义侵略的正义战争。是世界反法
西斯战争的重要组成部分。它从193
年九一八事变开始，至1945年日本在
投降书上签字结束，历时14年。
火箭筒
用来打击坦克
雷达
帮助搜寻飞机
高射炮
可以击落飞机
轴心国
非
洲
1941年5月
东非意大利军投降
古德里安
德国陆军总参谋长
“闪击战”创始人
B-29轰炸机
执行了向日本投掷原子弹的任务
德国
大
西
洋
隆美尔
德国陆军元帅
突击步枪
枪身轻便，射速较高
印
度
洋
虎式坦克
德军称之为无敌坦克
轴心国主导结局的战役
同盟国主导结局的战役
重要国际会议
意大利
1942年5月
英军铁甲舰行动
夺取马达加斯加
注：本图显示为1942年9月的世界格局
日本
轴心国
轴心国占领区域
同盟国
其他地区

第二次世界大战

第二次世界大战发生在1939年至1945年间，也被称为“世界反法西斯战争”。战争涉及全球绝大多数的国家，它们分成两个对立的军事同盟——轴心国和同盟国。战争最终以反法西斯国家的胜利而告终，但是数千万人的伤亡和巨额的经济损失也让交战各国受到重创。

二战海战示意图

海洋是二战时期的重要战场，二战最终以反法西斯国家和世界上一切爱好和平的人民战胜法西斯侵略者而告终，波涛汹涌的大海重归于平静，但却给人们留下了深深的反思。

新型战斗机

二战时，部分战斗机采用高强度铝合金材料，其强度比钢更高，造出来的飞机重量更轻，机动性更好，航程更远，速度更快

战舰

二战时期的战舰除了大放光彩的航空母舰，战列舰、巡洋舰、驱逐舰也是海战的主要力量

航空母舰

二战时期，航空母舰在众多舰艇中脱颖而出，大名远扬，因为它的火力打击范围远远超过其他舰艇，二战时的航空母舰本身没有装备多少远程武器，是没有战斗力的，成就它战斗力的是普遍装备的鱼雷轰炸机和俯冲轰炸机

潜艇

二战中最令对手头疼的武器是潜艇，它主要在水下航行，不易防御，当时潜艇上主要装备的武器是鱼雷和甲板炮

战斗机

二战时期的战斗机座舱内简单、耐用，设备不多，主要是雷达和电子设备

主力战斗机

二战的主力作战飞机是活塞式飞机。当时优秀战斗机的时速为 600 千米～700 千米，最大飞行高度超过 10000 米，装有 2～4 门机关炮或 6～8 挺机枪

中国

国庆日：10月1日

中国是人类文明的发祥地和世界四大文明古国之一。数千年的历史留下了丰富的文化遗产和人文传承。在经历夏、商、西周等时期后，中国在战国时期开始进入封建制社会，并在随后的两千多年里先后建立了秦、汉等王朝。秦始皇、汉武帝等是中国历史上的重要人物，造纸术、印刷术和指南针等是中国历史上的重要发明。北京、西安等古城中保留着许多著名的古迹，它们也是中国悠久历史的最好证明。

名人

①秦始皇

秦始皇是中国历史上第一个皇帝。他13岁时继承王位，在公元前221年建立了中国历史上第一个大一统王朝——秦朝。秦始皇还下令统一货币和文字，他确立的一系列制度和政策都对中国后来的王朝产生了深远的影响。

②汉武帝

汉武帝是西汉王朝的第七位皇帝。他在位54年，对内巩固皇权，对外开疆拓土。他主动出击，征伐匈奴，派张骞出使西域，打通了丝绸之路。汉武帝在位后期因为穷兵黩武造成了社会动荡，为此公开地进行自我批评，并重新开始实施休养生息的政策。

③唐太宗

唐太宗是中国历史上最有作为的皇帝之一。他善于征战，帮助父亲建立了大唐帝国。他在位期间励精图治，选用贤才，并虚心地接受大臣的意见，最终开创了繁荣昌盛的盛世局面。

④明太祖

1368年建立明朝，推翻元朝的腐败统治。

⑤康熙

清朝第四位皇帝，奠定了清朝兴盛的基础。

上古时期	夏朝	商朝	西周	春秋	战国	秦朝	汉朝	三国	晋朝

黄帝统一华夏部落 — 黄帝、尧、舜

禹建立夏朝 约前2070年 — 禹

商汤灭夏 约前1600年 — 桀、汤

盘庚迁都

武王伐纣 约前1046年 — 纣、周武王

共和执政 前841年

平王东迁 前770年

前475年

商鞅变法 前356年

前221年 — 秦始皇

楚汉之争

刘邦称帝 前202年 — 汉高祖、汉武帝

王莽篡汉 9年 — 光武帝

曹丕称帝 220年

大事

甲 百家争鸣

春秋和战国时期，涌现了许多思想流派，出现了学术繁荣的景象。

乙 丝绸之路

西汉时期开辟的贸易路线，加强了中国与外界的交往和联系。

丙 科举制度

从隋唐时期开始实行，通过考试来选拔官员。科举打破了世家大族的垄断地位，它让有能力的读书人也有了进入社会上层、施展才智的机会。

丁 《清明上河图》

记录了北宋都城的城市面貌和当时人民的生活状况，是北宋经济繁荣的见证。

戊 郑和下西洋

明朝时期，郑和七次率领船队远航。郑和下西洋比欧洲国家的航海时间早半个多世纪，体现了明朝国力的强盛。

己 鸦片战争

1840—1842年，英国对中国发动侵略战争，这也是中国近代史的开端。

庚 新文化运动

20世纪初，陈独秀、胡适等受过西方教育的人发起了一次思想文化革新运动。

辛 改革开放

党的十一届三中全会以后，通过对内改革和对外开放，中国的综合国力和人民的生活水平不断提高。

杨坚登基 581年　618年　安史之乱 755年　907年　陈桥兵变 960年　靖康之变 1127年　朱元璋称帝 1368年　郑和下西洋 1644年　1912年　抗日战争 1949年　改革开放 1978年

北魏孝文帝　隋文帝　唐太宗　武则天　唐玄宗　宋太祖　宋仁宗　元世祖　明太祖　明成祖　康熙　乾隆

南北朝　隋朝　唐朝　五代　宋朝　元朝　明朝　清朝　中华民国　中华人民共和国

日本

建国纪念日：2 月 11 日

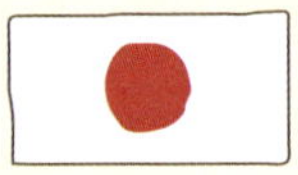

日本境内曾经小国林立，3 世纪中叶出现的大和国最终建立起统一的国家政权。日本十分乐于学习先进的文化和制度，曾先后通过向中国和西方国家学习变得强大。悠久的历史给日本留下了丰富的文化遗产，我们熟悉的相扑、茶道等都是日本文化的杰出代表。奈良、京都等古城之中也保留着丰富的历史文化古迹。

名人

① 圣德太子

圣德太子是日本飞鸟时代的政治家，他执政时期派遣使者前往中国，学习先进的文化和制度。他制定的十七条宪法，加强了以天皇为中心的中央集权体制。圣德太子信奉佛教，日本民间有许多关于他的传说故事。

② 织田信长

织田信长是日本战国时代著名的政治家。他原本势力不强，后来通过拥护室町幕府的末代将军逐渐控制了京都。织田信长后来将敌对的势力逐个击破，掌握了日本一大半的领土。

忍者

受过特殊训练的古代“间谍”

③ 丰臣秀吉

丰臣秀吉出身于一个贫苦的农民家庭，后来因为侍奉织田信长而崛起，成为织田信长的接班人。此后丰臣秀吉四处征伐，最后基本上统一了日本。1592 年、1597 年两度侵略朝鲜，均告失败。

④ 德川家康

德川家康是日本战国时代末期的豪强，他与织田信长、丰臣秀吉合称“战国三英杰”。德川家康在丰臣秀吉死后率领东军赢得关原合战，建立了德川幕府。德川幕府的统治让日本维持了 260 多年的统一局面，给日本的发展提供了较为稳定的社会环境。

- 3 世纪
- 大和国兴起
- 7 世纪
- 圣德太子改革
- 大化革新 645 年
- 壬申之乱 672 年
- 元明天皇迁都平城京 710 年
- 桓武天皇迁都于平安京 794 年
- 源赖朝建立镰仓幕府 1192 年
- 元朝 1274 年和 1284 年两次入侵
- 1333

古坟时代　飞鸟时代（圣德太子）　奈良时代　平安时代　镰仓幕府（源义经）　幕

大事

甲 壬申之乱

壬申之乱发生在672年，是日本古代最大规模的内乱。交战的双方是天智天皇的太子大友和天智天皇的弟弟大海人。获得地方豪族相助的大海人最终取得胜利，这也是日本历史上少见的叛乱者获胜的例子。

乙 明治维新

19世纪60年代末，日本进行了一场具有资本主义性质的现代化改革运动，这就是明治维新。以明治天皇为首的新政府积极学习欧美技术，大力发展教育，日本也成为亚洲第一个走上工业化道路的国家。

丙 甲午中日战争

1894年，日本侵略朝鲜半岛，与中国清政府爆发战争，这就是甲午中日战争。日本蓄谋已久，仓促迎战的清政府最终战败。清政府被迫与日本签订了《马关条约》，日本凭借战争获得的巨额赔款变得更为强大。

丁 日俄战争

1904年至1905年，日本与沙皇俄国为争夺辽东半岛和朝鲜半岛的控制权展开战

足利义满统一南北朝 1392年
应仁之乱 1467年
织田信长灭亡室町幕府 1573年
德川家康建立江户幕府 1603年
黑船事件 1853年
德川庆喜奉还大政 1867年
明治维新 1868年
中日甲午战争 1894年
日俄战争 1904年
1912年
关东大地震 1923年
1926年
二战结束 1945年
中日建交 1972年
1989年
2019年

足利义满 织田信长 丰臣秀吉 德川家康 明治天皇 大正天皇 昭和天皇 平成天皇

室町幕府和战国时代 江户幕府时期 明治时代 大正时代 昭和时代 平成时代

朝鲜半岛

国家：朝鲜、韩国

位于亚洲东部的朝鲜半岛历史文化悠久，古代就同中国有友好往来。朝鲜半岛上曾有百济、新罗等封建王国。也曾建立了高丽王朝、朝鲜王朝。王建、李成桂等风云人物曾推动了朝鲜半岛的历史进程。如今的朝鲜半岛分为朝鲜、韩国两个国家。

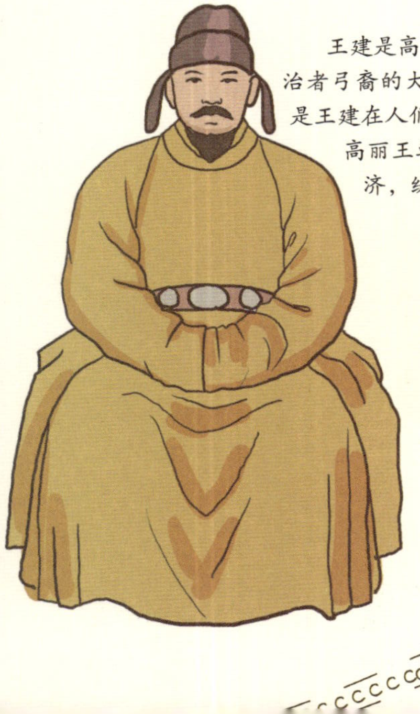

名人

① 王建

王建是高丽王朝的开国君主，他原本是泰封国的统治者弓裔的大将。因为弓裔性格残暴而不得人心，于是王建在人们的拥护下推翻了弓裔的统治，建立了高丽王朝。王建后来接连击败新罗和后百济，统一了朝鲜半岛。

② 李成桂

李成桂是朝鲜王朝的开国之君，他凭借着显赫的战功掌握了实权，最终起兵推翻了高丽王朝。李成桂即位后向中国明朝称臣，并征服了朝鲜半岛东北地区的女真部落，使其疆域向北开拓到图们江。

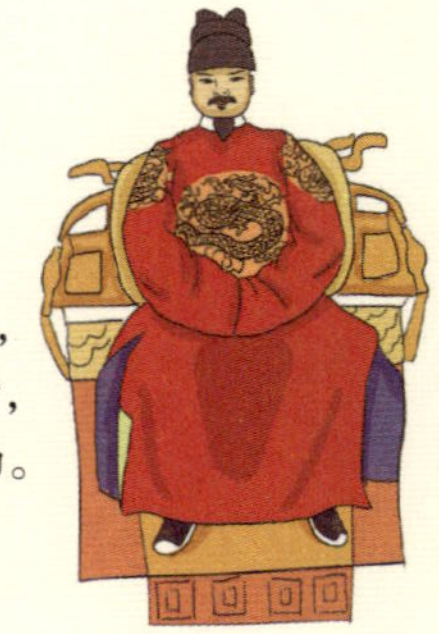

③ 朝鲜世宗

朝鲜世宗是朝鲜王朝第四代君主，他在位期间是朝鲜王朝的鼎盛时期，朝鲜社会文化得到长足发展，国家繁荣强大。他最著名的成就是创制了朝鲜字母，这给朝鲜半岛之后的语言和文化发展带来了深远影响。

大事

甲 壬辰倭乱

1592 年，丰臣秀吉突然派兵入侵朝鲜半岛，节节溃败的朝鲜王朝向宗主国明朝求救。明朝派李如松率军前来支援。这场战争最后以日本军队撤退而告终，日本占领朝鲜半岛并以之为跳板进攻明朝的行动最终失败。

乙 三一运动

1919 年 3 月 1 日，韩国独立人士在今天的首尔塔洞公园宣读了《独立宣言书》，这起事件引发的独立浪潮后来席卷整个朝鲜半岛，有 200 万以上的群众参加了上千起反日示威活动和武装起义。三一运动促成了大韩民国临时政府的成立。

丙 朝鲜战争

最初为朝鲜半岛南、北方间的战争，后因美国武装干涉，扩大为国际间的局部战争。1950 年 6 月 25 日战争爆发。7 月 7 日美国借联合国名义，组织“联合国军”正式参战。中国人民志愿军 10 月 25 日赴朝参战。1953 年美国被迫签订《朝鲜停战协定》。

	百济、新罗等多国鼎立
668 年	新罗统一朝鲜半岛
901 年	
918 年	王建称王
1392 年	李成桂登基
1592—1598 年	壬辰倭乱
1910 年	
1945 年	二战结束
1948 年	
1950—1953 年	朝鲜战争

统一新罗时代 — 高丽王朝（王建） — 朝鲜王朝（李成桂） — 日本殖民时期 — 朝鲜和韩国

中南半岛

国家：泰国、老挝、越南、柬埔寨

位于亚洲东南部的中南半岛旧称印度支那半岛。这里地处中国和印度两个文明古国之间，半岛上的诸国自古以来就受到中、印两个大国的政治和文化影响。中南半岛上民族众多，他们开创了悠久的历史。素可泰王国、高棉帝国曾在这里崛起，近代的英、法等帝国主义在这里争夺殖民地。这里不仅有精彩传奇的英雄故事，曼谷、河内等古城中还留存有许多著名的遗迹。

名人

① 郑信

郑信是泰国吞武里王朝的建立者。他原本是泰国大城王朝的官员，在缅甸军队灭亡大城王朝以后，郑信继续组织军民抗击缅军。郑信最终成功击退缅甸军队，重新统一了泰国。郑信后来在一次宫廷政变中被杀，他的大将却克里掌握了政权，建立起曼谷王朝。

② 拉玛五世

拉玛五世是泰国曼谷王朝第五任国王。他在执政期间进行了一系列的改革，为现代泰国的社会发展奠定了坚实的基础。他忍辱割让了一些边远的国土给西方列强，让泰国免遭沦为殖民地的厄运。

③ 丁部领

968年，丁部领以武力征服境内的割据势力，建立了越南历史上第一个统一的封建王朝——丁朝，定国号为“大瞿越”，这是越南历史上第一个正式国号。

大事

甲 吴哥王朝

吴哥王朝是9至15世纪出现在中南半岛上的强大国家，也被称为高棉帝国。吴哥王朝创造了举世闻名的吴哥文明，它在鼎盛时期的版图包括了今天的柬埔寨全境以及泰国、越南和老挝的部分地区。

乙 素可泰王朝

13世纪中叶，素可泰王朝崛起于今天泰国的北部地区。它的建立标志着泰国由部落联盟向封建国家的过渡。素可泰王朝在第三代国王兰甘亨在位期间达到鼎盛，在这期间创制的泰文字母为泰国民族文化的发展做出了伟大的贡献。

丙 越南战争

越南战争发生在1955年至1975年间，由美国等资本主义国家支持的越南共和国对抗由苏联等社会主义国家支持的越南民主共和国和越南南方民族解放阵线。最终，美国被迫从越南撤军，越南人民军和越南南方民族解放阵线最终推翻了越南共和国，统一了越南全境。

印度

国庆日：1 月 26 日

印度是世界上最早出现文明的地区之一，有着非常悠久的历史。疆域辽阔的孔雀帝国和莫卧儿帝国是古印度辉煌的时期，阿育王和阿克巴等人是印度历史上的风云人物。印度在历史上遭受过许多次的入侵，从古代的波斯人、希腊人到近代的英国人……不同的民族和势力在这片土地上角逐，不同的文化和信仰也在这里碰撞、交融，为印度留下了丰富精彩的历史文化遗产。

名人

①阿育王

阿育王被视为印度史上最伟大的帝王。他通过战争将孔雀帝国的疆域扩张到今天的阿富汗。阿育王后来开始虔诚地信仰佛教。据说他建了 8 万多座舍利塔，为佛教的发展做出了巨大的贡献。

②阿克巴

阿克巴是印度莫卧儿帝国第三代皇帝，他在位时间近半个世纪。他将莫卧儿帝国的版图扩张到原来的三倍，并通过一系列的改革稳固了帝国的统治。他对所有的宗教信仰给予平等的地位，并废除了国家的一些陋习。

③甘地

甘地是印度民族解放运动的主要领导人，被尊称为“圣雄甘地”。他领导了多次非暴力不合作运动，最终带领印度脱离英国的殖民统治，赢得了独立。他的生日 10 月 2 日被联合国确立为国际非暴力日。

④尼赫鲁

印度独立后第一任总理。

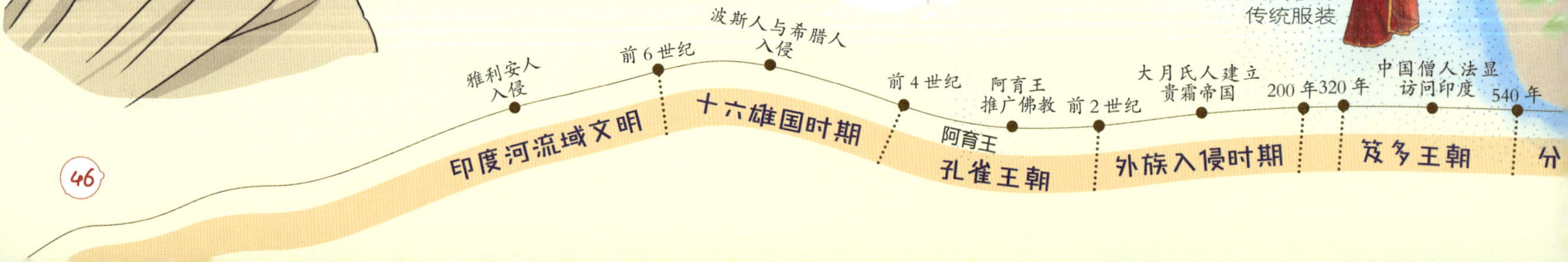

大事 甲

英国东印度公司

1600 年，一群有影响力的商人创立英国东印度公司，并获得英国女王伊丽莎白授予的在印度贸易的特权。英国东印度公司利用莫卧儿帝国的分裂，逐步成为印度实际的统治者。但它在印度的殖民统治也大大激化了社会矛盾，最终引发了印度民族大起义。

乙

印度民族大起义

由于英国殖民者在印度实施了许多殖民政策，印度的中部和北部地区在 1857 年爆发了印度民族大起义。这场持续两年的起义最终被英国镇压，随后英国取消了东印度公司，成立了以印度总督为首的政府，开始对印度进行直接统治。

丙

印巴分治

第二次世界大战之后，英国的国力严重受损，英国在印度的殖民统治也无法继续维持。由于当时印度的伊斯兰教徒和印度教徒之间矛盾不可调和，最终英属印度分裂为印度和巴基斯坦两个新国家。

英国

国庆日：6月第二个星期六

英国是一个时尚并且注重传统的国家，这种独特的气质来源于她悠久的历史。英国曾经被罗马帝国统治，在罗马人撤出不列颠岛以后，盎格鲁－撒克逊人最终赢得了这片土地的统治权。在维多利亚女王时期，英国被称为“日不落帝国”，是无可争议的世界霸主。征服者威廉、克伦威尔等英雄人物，推动了英国历史的进程。莎士比亚、牛顿等人更是为这个国家留下了丰厚的科学和文化遗产。

名人

① 莎士比亚

莎士比亚是英国文学史上最杰出的戏剧家，也是欧洲文艺复兴时期最重要的作家之一。他在伦敦开始自己的写作生涯，一生完成了 30 多部戏剧和 150 多首诗歌，《罗密欧与朱丽叶》《哈姆雷特》等作品都已成为永垂不朽的经典。

② 维多利亚女王

维多利亚女王是英国历史上在位时间第二长的君主。她 18 岁继承王位，在位时间将近 64 年。维多利亚女王在位期间，英国的政治、文化、科学等方面都得到了很大发展，被人们称为“日不落帝国”。

③ 库克船长

库克船长是英国著名的航海家，他曾经三次奉命前往太平洋进行探索。库克船长有着优秀的航海技术和绘制地图的才能，他带领船员成为首批登陆澳大利亚东岸和夏威夷群岛的欧洲人。

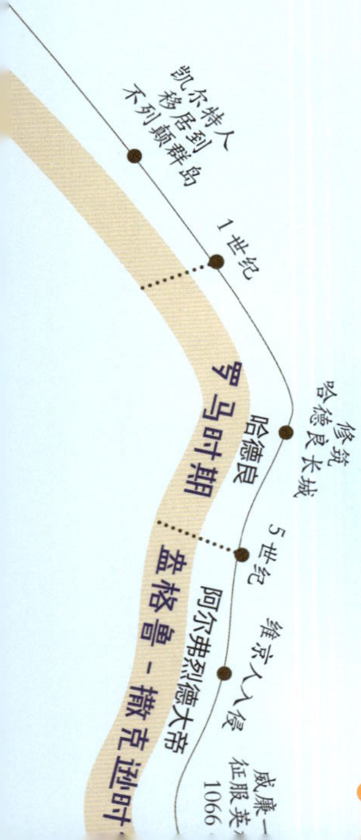

甲 玫瑰战争

1455年至1485年间，英国金雀花王朝的两大分支——兰开斯特家族和约克家族为争夺王位进行内战。战争导致了贵族的大量伤亡，最终兰开斯特家族与约克家族以联姻的方式结束了战争。

乙 英国资产阶级革命

英国在1640年爆发资产阶级革命。以克伦威尔为代表的资产阶级新贵族推翻了英国的封建统治，并在1689年颁布《权利法案》，英国最终确立了君主立宪制。

丙 英国工业革命

英国工业革命开始于18世纪中期，它开创了以机器代替手工劳动的时代，巩固了资产阶级的统治地位。率先完成了工业革命的英国很快成为世界霸主。

法国

国庆日：7月14日

法国是个充满了优雅成熟魅力的国家，这种优雅的底蕴来自法国悠久的历史和丰富的人文传承。法国曾经受罗马帝国统治，后来在法兰克人的崛起下形成了独立的国家，到路易十四时期，法国已经成了欧洲境内首屈一指的大国。法国历史上著名的拿破仑还有戴高乐都可以说是推进法国历史的重要人物。悠久的历史给法国留下了灿烂的文化，法国的几大城市中都保存着丰富的历史文化古迹。

名人

①查理大帝

你玩扑克牌吗？他就是不留胡须的红桃K国王。他善于征战，打遍欧洲各地，甚至赶跑了匈奴。他死后，他的三个孙子把帝国分成法国、德国、意大利三部分。

②路易十四

他是波旁王朝的国王，也被人们称为“太阳王”。他在位时间长达72年，发动了三次重大战争，让法国成为当时的欧洲霸主。他还修建了凡尔赛宫，经常在宫殿里开办舞会、宴席等活动。

③拿破仑

他说过“不想当将军的士兵不是好士兵”，他一生打赢了50多场大型战役，他从一个小士兵成长为帝国的皇帝。1804年称帝后颁布了著名的《拿破仑法典》，五破反法联盟。他最终因为在滑铁卢战役中战败被流放。

④戴高乐

他被法国人尊称为“戴高乐将军”。他参加过两次世界大战，并在第二次世界大战期间领导自由法国政府抗击德国的侵略。他在战后继续领导法国进行重建，最终让法国重新恢复了大国地位。

- 恺撒八次远征 罗马统治高卢
- 克洛维征服高卢 481年
- 丕平三世登基 751年
- 统一西欧 843年
- 987年
- 1328年
- 英法百年战争
- 1589年
- 法国成为欧洲霸主
- 法国大革命 1789年
- 热月政变 1794年
- 雾月政变 1799年
- 拿破仑称帝 1804年
- 滑铁卢战役 1815年

高卢时期 | 墨洛温王朝 | 加洛林王朝（查理大帝） | 卡佩王朝（腓力四世） | 瓦卢瓦王朝（查理五世） | 波帝王朝（亨利四世、路易十四） | 第一共和国（罗伯斯庇尔） | 第一帝国（拿破仑） | 波帝王朝2（路易十八）

大事

甲 法兰西启蒙运动

18世纪，法国发生了一场波澜壮阔的思想解放运动，以伏尔泰、孟德斯鸠、卢梭为代表的“三剑侠”，主张反对神权和特权，向往“理性的王国”，对整个西方文明产生了深远的影响。

乙 巴黎公社

1871年，普法战争中法国惨败。巴黎人民不满梯也尔政府的反动无能，武装起义占领巴黎，建立巴黎公社。经过五月流血周，公社运动被镇压。公社领导之一鲍狄埃为此创作了《国际歌》。

丙 巴黎世界博览会

1900年，巴黎第五次举办世博会，恰逢法国科技和经济迅速发展的“美好时代”。会前，法国人建起了324米高的足以俯瞰全城的埃菲尔铁塔，会上有全球各地5000万人参观。

德国

国庆日：10 月 3 日

德国人一直以坚韧不拔的精神著称于世，他们的祖先日耳曼人就长期与强大的罗马帝国相抗衡。由于战争等因素的影响，德国曾经长期处于分裂状态。威廉一世和俾斯麦的联手让德国重归统一，并迅速成为欧洲强国。除了蒸气回肠的英雄故事，贝多芬、歌德等人也为这个国家留下了丰富的文化遗产。柏林、德累斯顿等古城中还保留着许多名胜古迹。

名人

① 俾斯麦

俾斯麦是德意志帝国第一任宰相，人称“铁血宰相”。他在任期间先后策划和发动了对奥地利和法国等一系列战争，打败了阻碍德国统一的势力，最终辅佐威廉一世完成了德国的统一。

② 希特勒

法西斯德国元首，第二次世界大战头号战犯。他出生于奥地利，1919 年加入德意志工人党。1939 年侵入波兰，挑起第二次世界大战。1945 年 4 月 30 日，苏联红军攻入柏林时自杀。

大事

甲 德国宗教改革

15 世纪末期，德国处于四分五裂的状态，实力强大的天主教会对人民的剥削十分严重。1517 年，维滕堡大学教授马丁·路德贴出《九十五条论纲》，引发宗教改革运动。宗教改革运动得到了德国贵族和人文主义者的大力支持，动摇了天主教对人们的精神统治。

乙 三十年战争

中世纪后期神圣罗马帝国逐渐没落，帝国内部诸侯之间纷争不断。再加上宗教改革运动后天主教和基督新教的尖锐对立，最终于 1618 年爆发了一场大规模的国际战争。战争持续到 1648 年，欧洲主要国家纷纷被卷入其中。这场战争让德意志境内各邦国经济遭到了极大破坏，加剧了德国内部的分裂。

丙 普法战争

普法战争是 1870 年至 1871 年间，普鲁士王国与法兰西第二帝国之间的战争。战争最终以普鲁士王国的胜利告终，威廉一世在法国凡尔赛宫加冕称帝，建立了德意志帝国。

日耳曼部落形成
481 年
843 年 法兰克王国分裂
962 年 奥托一世加冕称帝
1075 年 叙任权斗争
1517 年 德国宗教改革
1618—1648 年 三十年战争
1806 年
1870 年 普法战争
1871 年 威廉一世加冕
1918 年 一战结束
1933 年 希特勒上台
1945 年 二战结束
1961 年 修建柏林墙
1990 年 两德统一

法兰克王国（查理大帝）| 东法兰克王国 | 神圣罗马帝国（奥托一世、亨利四世）| 德意志邦国联盟时期 | 德意志帝国（威廉一世）| 魏玛共和国 | 纳粹德国（希特勒）| 盟军占领和分裂时期 | 再次统一的德国

奥地利 匈牙利

国庆日：10 月 26 日（奥）、8 月 20 日（匈）

奥地利从中世纪开始一直是欧洲的传统强国之一，统治中欧数百年的哈布斯堡王朝扎根于这里。欧根亲王、卡尔大公等英雄人物纵横欧洲，演绎了无数传奇的故事。众多的音乐大师也给奥地利留下了一笔珍贵的艺术文化遗产。位于欧洲中部的匈牙利曾经受到匈人的统治，11 世纪初伊什特万一世建立了匈牙利王国。匈牙利后来与奥地利组成了强大的奥匈帝国。伊什特万一世、马加什一世等人是匈牙利历史上的重要人物，布达佩斯、佩奇等城市中保留着丰富的历史古迹。

名人

① 马加什一世

马加什一世是匈牙利历史上最伟大的国王之一。他将意大利文艺复兴的文化成就推广到匈牙利，并通过改革让国家日益强大。他在 1485 年打败神圣罗马帝国的皇帝腓特烈三世，占领了奥地利一半的土地。

② 欧根亲王

欧根亲王是欧洲 18 世纪最优秀的将领之一，他在 29 岁时便成为神圣罗马帝国的元帅。欧根亲王曾多次率军打败强大的法国和奥斯曼土耳其，是一位常胜将军。

③ 莫扎特

莫扎特是欧洲伟大的古典主义音乐家，他 4 岁开始学习作曲，6 岁时便登台演出，被人们誉为“音乐神童”。他在 35 岁时去世，留下的众多作品成为古典音乐的经典。

④ 弗朗茨·约瑟夫一世

他在 1867 年建立了奥匈帝国。

查理大帝征服 8 世纪 | 843 年 | 976 年 | 1246 年 | 鲁道夫一世夺取奥地利 1278 年 | 维也纳之战 1683 年

查理大帝 法兰克王国 | 巴本堡王朝 | 鲁道夫一世 哈布斯堡王朝

阿提拉去世 453 年 | 马扎尔人定居 9 世纪 | 伊什万特一世加冕 1000 年 | 蒙古人入侵 1241 年 | 土耳其入侵 1526 年

阿提拉 匈帝国 | 伊什万特一世 匈牙利王国

大事

乙

奥地利王位继承战争

1740 年，神圣罗马帝国皇帝查理六世去世，其长女玛利亚·特蕾西亚继承王位。法国、普鲁士等国拒绝承认玛利亚·特蕾西亚的继承权，因此它们组成联盟，与奥地利、匈牙利、英国等玛利亚·特蕾西亚的支持国进行了长达 8 年的战争。

甲

维也纳之战

1683 年 9 月，奥地利哈布斯堡王朝与波兰王国组成联军，对围困维也纳的奥斯曼帝国军队展开了一场解围之战。这场大规模的战争以奥地利和波兰联军的胜利而告终。

意大利

国庆日：6月2日

意大利是一个历史悠久的国家，这里孕育了灿烂辉煌的文明。强大的罗马帝国统治西方世界长达数个世纪，为后世留下不可磨灭的印记。意大利也是文艺复兴运动的起源地，但丁、达·芬奇和米开朗琪罗等艺术大师为世界留下了丰富的文化遗产。罗马、威尼斯、佛罗伦萨等城市中都保留着众多珍贵的历史古迹。

名人

①恺撒大帝

恺撒大帝是扑克牌中手持战斧的方块K国王。他出身贵族，是一位杰出的军事统帅。他征服高卢，成为罗马共和国大权独揽的统治者。公元前44年，恺撒大帝遭到刺杀。他死后，他的养子屋大维开创了罗马帝国并成为第一位皇帝。

②达·芬奇

达·芬奇是意大利文艺复兴时期的代表人物。他除了是一个著名的大画家，同时还是建筑师、工程师、数学家、发明家……《最后的晚餐》《蒙娜丽莎》是他最著名的杰作。

③马可·波罗

马可·波罗是13世纪时威尼斯的旅行家和商人。他在17岁时跟随父亲和叔叔前往中国，并在中国游历了17年。根据他的口述写成的《马可·波罗游记》详细地描述了东方国家的富饶，激起了欧洲人对东方的强烈向往。

④哥伦布

哥伦布是出生在意大利的著名航海家。他在1492年到1502年间先后4次出海远航，开辟了从欧洲横渡大西洋到达美洲的航路。他发现新大陆的事迹不仅让他得到巨额的财富，更让他成为历史上最出色的航海家之一。

罗马共和国建立 前509年
布匿战争 前264年—前146年
恺撒大帝
恺撒大帝征服高卢
屋大维大权独揽 前27年
屋大维
罗马帝国分裂 395年
日耳曼人废黜西罗马帝国皇帝 476年
狄奥多里克
553年
568年

罗马王政时代 | 罗马共和国 | 罗马帝国 | 西罗马帝国 | 东哥特王国 | 伦巴第王

大事

甲 罗马帝国

屋大维在公元前27年开创罗马帝国，它是世界历史上最强大的帝国之一。

乙 文艺复兴

14世纪开始，意大利的佛罗伦萨等城市兴起了一场思想文化运动。人们在这一时期借助复兴古希腊、罗马文化来表达自己，反对宗教的思想压迫。文艺复兴在知识、社会、政治等方面都引发了巨大的变革，但丁、达·芬奇等人让这一时期的艺术成就尤为突出。

丙 意大利独立战争

1848年至1870年间，意大利人民为了反抗奥地利帝国统治，争取民族独立和国家统一先后进行了三次战争。在加里波第、马志尼等人的领导下，意大利最终摆脱了长期受外国压迫的局面，完成了统一。

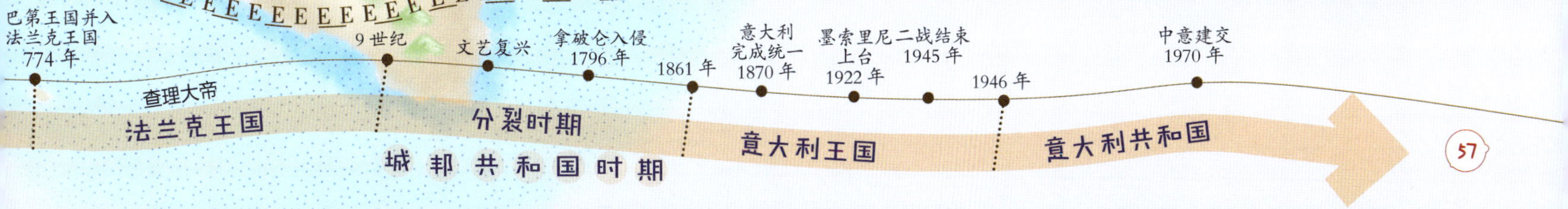

名人

① 伊莎贝拉一世

伊莎贝尔一世原本是卡斯蒂利亚王国的继承人，她通过与阿拉贡王国王子斐迪南二世的联姻促进了西班牙的统一。伊莎贝尔一世还资助了哥伦布的远航，凭借从美洲殖民地得到的财富，西班牙最终发展成为一个全球性的帝国。

② 弗朗西斯科·佛朗哥

弗朗西斯科·佛朗哥在1936年发动反政府武装叛乱，挑起西班牙内战。在得到德国和意大利的支持后，弗朗西斯科·佛朗哥赢得内战的胜利，并在西班牙开始了长达30多年的独裁统治。

③ 胡安·卡洛斯一世

胡安·卡洛斯一世是西班牙前任国王，他在1975年登基。他在位期间实行民主化改革，恢复君主立宪制。他还粉碎了1981年的未遂军事政变，维护了西班牙的稳定。

西班牙

国庆日：10月12日

西班牙一直以优美的自然风光和悠久的历史文化而闻名。这里曾经被罗马帝国统治了数百年，8世纪时摩尔人的入侵让这里成为穆斯林的王国。收复失地运动后，西班牙被分为许多基督教国家，伊莎贝拉一世与斐迪南二世的联姻让西班牙再次迎来统一。16世纪时西班牙成为一个强大的殖民帝国。许多不同的文化在西班牙留下了深刻的印记，马德里、格拉纳达等古城中都能看到不少重要的历史遗迹。

年代	事件	时期
		罗马时期
5世纪	西哥特人入侵	西哥特王国
714年		
1479年	卡斯蒂利亚与阿拉贡合并；伊莎贝拉一世、斐迪南二世	收复失地运动时期
1492年	格拉纳达战役结束	
1516年		
1519年—1521年	麦哲伦环球航行；卡洛斯一世	哈布斯堡王朝
1580年	吞并葡萄牙	
1700年	西班牙王位继承战争	波旁王朝

大事

甲 收复失地运动

摩尔人在8世纪入侵并征服了伊比利亚半岛的大部分地区。同时，北方的基督教国家在宗教势力的支持下开始了漫长的收复运动。1492年，最后一个伊斯兰国家格拉纳达王国陷落，收复失地运动最终以基督教国家的胜利而告终。

乙 西班牙王位继承战争

1701年至1714年间，西班牙哈布斯堡王朝绝嗣。法国波旁王室与奥地利的哈布斯堡王室为争夺西班牙王位进行了战争。欧洲大部分君主制国家都参与了这场大战，最终法国波旁王室的腓力五世继承了西班牙王位。

丙 西班牙无敌舰队

16世纪的西班牙为了保障其海上利益，组建了一支拥有100多艘战舰、3000余门大炮、数以万计士兵的强大舰队。这支舰队横行于地中海和大西洋，被称为“无敌舰队”。

1808年 拿破仑控制时期
1814年 费尔南德七世重登王位
波旁王朝2
1873年 第一共和国
1874年 阿方索十二世登基
波旁王朝3
1931年 阿方索十三世流亡海外
第二共和国
西班牙内战
1939年 弗朗西斯科·佛朗哥独裁统治时期
1973年 中西建交
1975年 胡安·卡洛斯一世即位
波旁王朝4
2014年 费利佩六世即位

葡萄牙

国庆日：6 月 10 日

位于伊比利亚半岛西部的葡萄牙是一个拥有悠久历史的国家。它和西班牙一样，曾经受到罗马帝国和摩尔人的统治，后来在 12 世纪成为独立的王国。热爱探险的葡萄牙人开启了波澜壮阔的大航海时代，葡萄牙也在 16 世纪时成为强大的殖民帝国。阿方索一世、达·伽马等人是葡萄牙历史上的重要人物，里斯本、波尔图等城市中还能看到许多历史遗迹。

名人

① 阿方索一世

阿方索一世是葡萄牙独立以后的第一位国王。他经过长期的斗争，在 1139 年建立起独立的葡萄牙王国。之后他又把注意力放在与摩尔人的斗争上，并取得了一系列的胜利。

② 恩里克王子

恩里克王子是葡萄牙国王若昂一世的第三个儿子，他建立了历史上第一所航海学校，教给人们航海、天文、地理等知识。他制订的航海计划为之后葡萄牙的航海事业奠定了坚实的基础。

③ 达·伽马

达·伽马是葡萄牙著名的航海家。他在 1497 年从里斯本出发，于 1498 年成功开辟了从欧洲绕好望角到达印度的航线。这条航线成为之后 300 多年欧洲和印度洋沿岸各国贸易的主要线路。

大事

甲 葡萄牙殖民帝国

葡萄牙在 16 世纪时成为重要的海上强国，它在亚、非、美三大洲建立了广阔的殖民地。鼎盛时期的葡萄牙殖民帝国曾包括世界 50 多个国家的部分领土，它甚至意图和西班牙瓜分世界。

㊂ 里斯本大地震

发生在1755年11月1日的里斯本大地震是人类历史上破坏性最大的地震之一。这次地震以及之后而来的海啸和火灾几乎让里斯本毁于一旦，也摧毁了城内很多重要的教堂。

㊃ 康乃馨革命

1974年4月25日，许多葡萄牙中下级军官联合起来，在里斯本发起政变。政变期间，军人们手持康乃馨代替步枪，最终以较为和平的方式推翻了萨拉查独裁政权。

西哥特人入侵 · 5世纪 · 714年 · 葡萄牙成为独立王国 1139年 · 征服阿尔加维 1251年 · 1385年 · 达·伽马开辟到印度的航线 1498年 · 西班牙吞并葡萄牙 1580年 · 1640年 · 里斯本大地震 1755年 · 拿破仑入侵 1807年 · 推翻君主制 1910年 · 康乃馨革命 1974年 · 中葡建交 1979年

罗马统治时期 | 西哥特王国 | 收复失地运动时期（阿方索一世） | 勃艮第王朝（阿方索三世） | 阿维什王朝（若昂一世） | 哈布斯堡王朝（腓力一世） | 布拉干萨王朝（若昂四世） | 共和国时期

荷兰

国庆日：4 月 30 日

荷兰一直以美丽的风车和郁金香而闻名，它有着一段辉煌的历史。荷兰最初受到不同势力的统治，直到 17 世纪才成为独立的国家。17 世纪也是荷兰的黄金时代，它取代了葡萄牙和西班牙，成为世界贸易的支配者。威廉一世、威廉三世等人是荷兰历史上的杰出人物，惠更斯、梵·高等人在科学、艺术等方面也为世人留下丰富的遗产。

名人

1 威廉一世

威廉一世是荷兰八十年战争的主要领导人之一。他一生致力于反对西班牙哈布斯堡家族对荷兰的统治，最终在 1584 年遭到西班牙间谍刺杀身亡。荷兰国歌《威廉颂》所咏唱的英雄就是威廉一世。

2 弗雷德里克·亨德里克

弗雷德里克·亨德里克是威廉一世的幼子，他在成为联省共和国执政后，领导荷兰在对西班牙的斗争中取得了决定性的胜利。在他去世后的第二年，西班牙与荷兰签订《明斯特和约》，正式承认荷兰独立。

3 梵·高

梵·高是荷兰 19 世纪著名的画家。他在 27 岁时才开始画家生涯，他在生命的最后十年里创作了超过 2000 幅作品。梵·高最终因为精神病的困扰开枪自杀，在他去世后，他的作品成为珍贵的艺术收藏。

大事

甲 八十年战争

由于西班牙哈布斯堡王朝的严苛统治，荷兰人民在 1568 年至 1648 年间展开了不懈的斗争。在威廉一世、弗雷德里克·亨德里克等人的领导下，荷兰人成功地驱逐了哈布斯堡王朝的军队，建立了独立的荷兰共和国。

乙 海上马车夫

摆脱西班牙的统治后，荷兰在17世纪发展成为航海和贸易强国，并赢得海上霸权。荷兰的船队在各大洋上穿梭，在世界各地建立起殖民地和贸易据点，被人们称为“海上马车夫”。荷兰通过贸易垄断获得巨额财富，成为当时欧洲最富有的国家。

丙 英荷战争

1652年至1674年间，荷兰的海上霸权遭到英国的挑战，两国先后发生了三次战争。长年的战争严重消耗了荷兰的经济实力，加上法国在战争期间的不断骚扰，荷兰的竞争雄心最终被耗尽。荷兰最终在1780—1784年第四次英荷战争中被英国彻底打垮。

法兰克人崛起 481年
法兰克王国分裂 843年
奥托一世加冕称帝 962年
1556年
乌得勒支联盟成立 1579年
1581年
法国占领荷兰 1795年
1814年 1815年
中荷建交 1972年

罗马时期 — 法兰克王国（查理大帝） — 神圣罗马帝国（奥托一世） — 西班牙统治时期（腓力二世） — 荷兰共和国（威廉一世） — 法国控制时期（路易·波拿巴） — 荷兰王国

海上马车夫

希腊

国庆日：3 月 25 日

希腊的历史可一直追溯到古希腊文明，被视为西方文明的摇篮。希腊起初由一些独立的城邦组成，后来崛起的马其顿王国成为这片土地的主宰。伴随着亚历山大帝国的扩张，希腊的文化得到广泛传播。在罗马帝国之后，希腊又受到奥斯曼帝国的统治，直到 19 世纪才成为独立的国家。希腊的科学文化对世界历史的进程有着极大的影响力，雅典、奥林匹亚等地还保留着许多著名的古迹。

名人

1 伯里克利

伯里克利是古希腊著名的政治家。他成为雅典的执政官后鼓励文化艺术的发展，推动雅典民主政策改革。雅典的奴隶制经济、政治、海上霸权以及古典文化在他的领导下走向鼎盛。

2 阿基米德

阿基米德是古希腊著名的科学家，他在数学、物理、天文等领域都做出了一番成就。第二次布匿战争时，罗马大军围攻叙拉古，阿基米德不幸被罗马士兵杀害。

3 亚历山大大帝

亚历山大大帝是世界史上著名的军事家和政治家，他先后征服希腊，占领波斯和埃及，建立了当时世界上疆域最大的国家。亚历山大大帝的远征也让古希腊文明得到了广泛传播。

大事

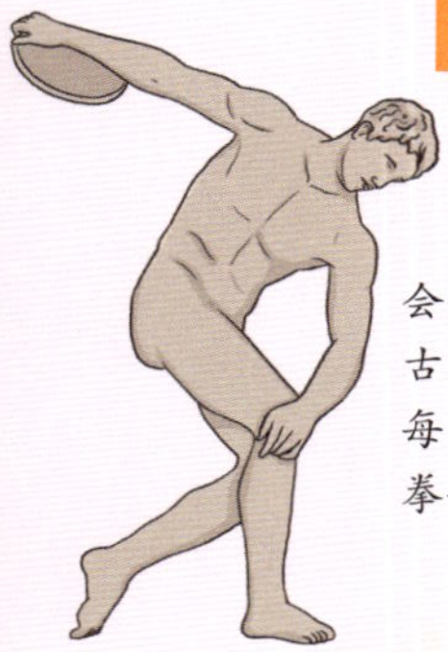

甲 奥林匹克运动会

奥林匹克运动会简称“奥运会”，它起源于 2000 多年前的古希腊小镇奥林匹亚。奥运会每 4 年举办一次，有赛跑、拳击、掷铁饼等项目。

乙 希波战争

公元前 499 年至公元前 449 年，波斯帝国为扩张版图多次入侵希腊。

卡拉曼利斯
三次出任首相
领导希腊摆脱独裁统治

萨洛尼卡自由塔
建于奥斯曼帝国时期
最初是港口的防御工事
后来成为一座监狱

古希腊花瓶
瓶子上通常画有神或英雄人物

古希腊帆船

里拉琴
神话中太阳神阿波罗使用的乐器

丙 伯罗奔尼撒战争

公元前431年至公元前404年，斯巴达击败雅典，终结了雅典的霸权。

丁 希腊独立战争

1821年至1829年间，希腊革命者发起了反抗奥斯曼帝国的独立战争。希腊人后来得到英国、法国等欧洲国家的援助，最终迫使奥斯曼帝国签订《君士坦丁堡条约》，实现了完全独立。

古希腊著名哲学家

首次奥林匹克运动会召开 前776年
希波战争
伯罗奔尼撒战争
亚历山大大帝去世 前323年
亚历山大大帝
罗马吞并希腊 前146年
君士坦丁大帝
罗马帝国分裂 395年
查士丁尼一世
1204年
1261年
1460年
希腊独立战争
1829年
1830年
奥托一世
1924年
与中国建交 1972年
军政府垮台 1974年

米诺斯文化 | 迈锡尼文明 | 城邦时期 | 希腊化时代 | 罗马统治时期 | 拜占庭帝国 | 奥斯曼帝国时期 | 第一共和国 | 希腊王国 | 第二共和国 | 希腊王国2 | 希腊共和国

古希腊时期

埃及

国庆日：7月23日

埃及是世界著名的文明古国，早在5000多年以前就建立起统一的国家。在经历漫长的法老时代后，埃及先后被波斯、希腊、罗马等外族势力征服。7世纪时阿拉伯人的入侵让伊斯兰教开始在埃及传播。埃及历史上曾经涌现出拉美西斯二世、萨拉丁等杰出人物，金字塔、狮身人面像等古迹是它留给世人的珍贵遗产。

名人

① 图特摩斯三世

图特摩斯三世是古埃及第十八王朝的法老，他从公元前1458年开始连续的征战，恢复了对叙利亚和巴勒斯坦地区的统治。他让埃及南部的边界扩张到尼罗河第四瀑布，并使亚述、巴比伦等地的统治者都向他进贡。

② 拉美西斯二世

拉美西斯二世是埃及最著名的法老之一。他通过远征恢复了对巴勒斯坦的统治，并与强大的赫梯帝国结盟。他热衷于工程建造，修建了许多著名建筑。

③ 埃及艳后

埃及艳后是古埃及托勒密王朝的末代女王。她天生美貌，先后迷住了罗马共和国的恺撒和安东尼，让国家免遭吞并。安东尼被屋大维打败后自杀，埃及艳后也随后结束了自己的生命。她死后，埃及也被罗马吞并。

④ 萨拉丁

萨拉丁是埃及历史上的民族英雄。1171年在埃及建立阿尤布王朝，夺取了叙利亚等地。对内完善行政和司法制度，发展经济和教育文化。

美尼斯统一上、下埃及 前3100年 | 前2181年 | 前1786年 | 前1567年 | 拉美西斯二世即位 前1279年 | 前1085年 | 亚历山大大帝征服埃及 前332年 | 罗马帝国吞并埃及 前30年

美尼斯 胡夫 早王国和古王国 | 第一中间时期和中王国 | 第二中间时期 | 图特摩斯三世 拉美西斯二世 新王国 | 后期王朝 | 亚历山大大帝 希腊和罗马统治时期

大事

甲 古埃及文明

形成于5000多年前，对后来的古希腊、古罗马等文明产生了巨大影响。

乙 埃及七月革命

1952年7月23日，埃及自由军官组织为了反对法鲁克王朝的统治发起政变。在纳赛尔等人的领导下，革命部队仅用一夜时间就控制了开罗，随后君主制被废除，埃及成了共和国。

丙 苏伊士运河战争

1956年10月，英法两国为夺取苏伊士运河的控制权，与以色列联合对埃及发起战争。后来在美国和苏联的介入下，英法被迫停战，以色列也最终同意撤兵。埃及在这场战争后赢得苏伊士运河的全部主权。

罗马帝国分裂 395年 | 阿拉伯人入侵埃及 641年 | 法蒂玛王朝建立 969年 | 萨拉丁建立阿尤布王朝 1171年 | 奥斯曼帝国攻占开罗 1517年 | 拿破仑占领埃及 1798年—1801年 | 英国入侵埃及 1882年 | 英国承认埃及独立 1922年 | 推翻法鲁克王朝 1952年 | 苏伊士运河战争 中埃建交 1956年

拜占庭帝国 | 阿拉伯帝国 | 奥斯曼帝国时期（穆罕默德·阿里） | 英国控制时期 | 埃及王国 | 埃及共和国（纳赛尔 穆巴拉克）

非洲

国家：54 个

非洲是一块神奇而又具有独特魅力的大陆，悠久的历史给这片土地留下了深厚的人文积淀。非洲是人类的发源地，我们的祖先就是从这里出发，逐渐散布到各个大陆。奔流不息的尼罗河孕育了灿烂的古埃及文明，强大的迦太基曾经与古罗马争雄。历史上著名的几大帝国都曾在非洲建立过统治，这里也因此形成了精彩多元的文化。金字塔、好望角等是非洲的代表符号，它们在世界历史的进程中都扮演过重要的角色。

名人

① 汉尼拔

汉尼拔是北非古国迦太基的名将，他生长的时代正逢罗马共和国的崛起。第二次布匿战争期间，他率领军队翻越阿尔卑斯山进入意大利北部，并在坎尼之战中以少胜多，一举击溃罗马大军。

② 孟尼利克二世

孟尼利克二世是埃塞俄比亚最伟大的统治者之一，他在 1899 年成为埃塞俄比亚的皇帝。他扩张国土，奠定了现代埃塞俄比亚的疆域范围。他在 1896 年成功击败意大利的侵略者，维护了民族独立。

③ 曼德拉

曼德拉是南非第一位黑人总统，也被南非人尊为国父。他出身于南非的一个部落首长家族，为了推翻白人的种族主义统治，进行了长达几十年的艰苦斗争。

④ 伊迪·阿明

伊迪·阿明是乌干达第 3 任总统。他最初效力于英国殖民地军队，在乌干达独立后总揽军权。伊迪·阿明通过 1971 年的军事政变成为乌干达国家元首，并在乌干达施行独裁统治。

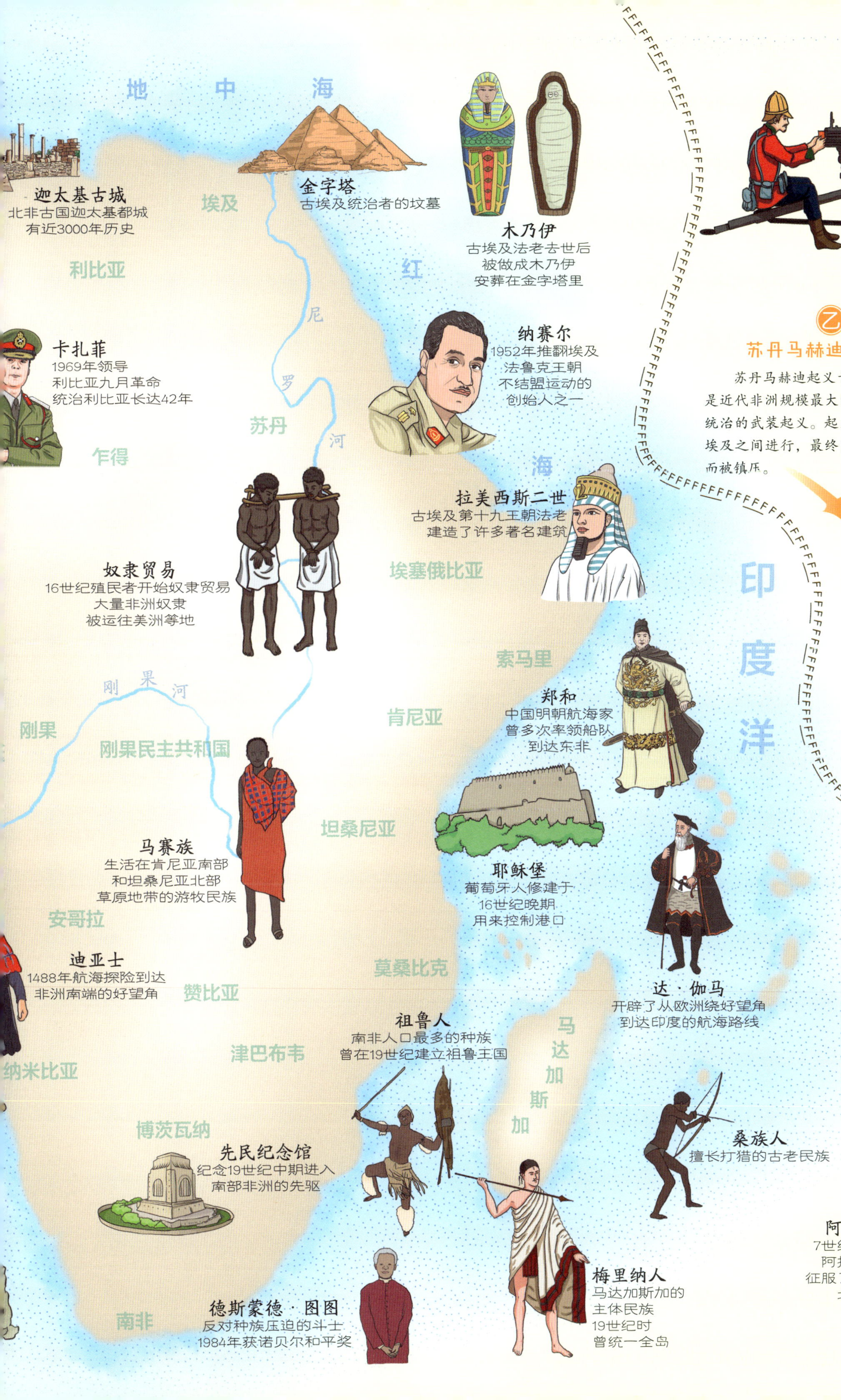

大事

甲 欧洲殖民地

欧洲殖民者从16世纪开始入侵非洲，在20世纪初统治了约90%的非洲大陆。

乙 苏丹马赫迪起义

苏丹马赫迪起义于1881年爆发，是近代非洲规模最大的一次反对殖民统治的武装起义。起义最初在苏丹与埃及之间进行，最终因为英国的加入而被镇压。

丙 北非战场

非洲北部地区是第二次世界大战的主要战场之一。这里先后打响了阿拉曼战役和突尼斯战役等重要大战。

名人

① 彼得大帝

彼得大帝是俄罗斯帝国的开创者。他曾经隐姓埋名游历西欧各国，并在荷兰学习造船。他通过改革让封闭落后的俄罗斯面貌一新。他最后因为搭救士兵而生病去世，留下了一个生机勃勃的强大帝国。

② 叶卡捷琳娜二世

叶卡捷琳娜二世是俄罗斯帝国的著名女皇。她在位时期，俄罗斯接连击败奥斯曼帝国和波兰，获得了广阔的领土，并且在阿拉斯加建立了殖民地。

③ 列宁

无产阶级革命导师，苏联共产党和苏维埃社会主义共和国联盟的主要缔造者。

俄罗斯

国庆日：6月12日

俄罗斯的历史起源于东斯拉夫人，9世纪建立的基辅罗斯是俄罗斯的前身。蒙古人在13世纪开始入侵，并在接下来的两个世纪里成为这里的统治者。16世纪中期沙皇俄国建立，到了彼得大帝时期发展为疆域辽阔的世界强国。伊凡三世、伊凡四世等人是俄罗斯重要的历史人物，列宁在20世纪建立的苏联更是在世界史上留下了深刻的印记。莫斯科、喀山等城市中保留着许多古迹，它们都是俄罗斯悠久历史的见证。

东斯拉夫人向东欧草原迁徙

882年

东正教传入基辅罗斯
988年

拔都灭亡基辅罗斯
1240年

伊凡三世击败蒙古人
1480年

伊凡四世加冕
1547年

基辅罗斯

蒙古人统治时期

莫斯科大公国

沙

大事

甲 俄波战争

16世纪末期，波兰立陶宛联邦趁沙皇俄国内乱发起了侵略俄国的战争。波兰军队在1610年攻陷莫斯科，但两年后又被俄罗斯贵族召集的军队驱逐。

乙 拿破仑征俄战争

1812年，法国皇帝拿破仑为争夺欧洲霸权率军入侵俄罗斯。这场战争从6月持续到11月，拿破仑虽然取得了一些胜利，但坚强的俄罗斯人拒绝投降。拿破仑在付出惨痛代价后最终狼狈撤军。

丙 俄国内战

1917年至1922年间，布尔什维克领导的红军与反布尔什维克力量组成的白军展开战争。苏俄红军最终取得战争的胜利，并在1922年建立苏联。

丁 斯大林格勒战役

斯大林格勒战役是1942年6月至1943年2月间，德国与苏联在伏尔加格勒（1925—1961年名为斯大林格勒）进行的战役。斯大林格勒战役也是德国在第二次世界大战中的第一次重大失败，成为第二次世界大战的重要转折点。

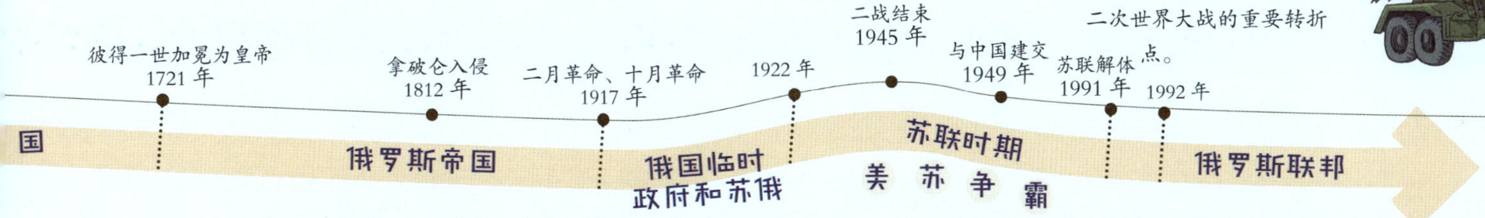

名人

①华盛顿

华盛顿是美国第一任总统，也被尊为美国国父。他在美国独立战争期间担任殖民地军总司令，率领军队击败英国成功赢得独立。

②林肯

林肯是美国第十六任总统。他在任职总统期间废除了奴隶制度，领导北方联邦取得南北战争的胜利，维护了国家的统一。林肯最后在1865年遇刺身亡，他也是第一个遭遇刺杀的美国总统。

③罗斯福

罗斯福是美国第三十二任总统，他在经济大萧条期间推行新政，挽救了经济危机中的美国。1941年珍珠港事件之后，罗斯福带领美国加入第二次世界大战，成为世界反法西斯同盟的重要领导人。

美国

国庆日：7月4日

美国是一个年轻的国家，但同样有着一段波澜壮阔的历史。在欧洲人来到这里之前，美洲原住民就生活在这片土地上。英国从17世纪开始在这里建立了13块殖民地，这也是美国赢得独立后最初的领土。美国在经过南北战争后迅速发展强大，并在两次世界大战中成为胜利者。

印第安人在此居住
16世纪
英国建立13块殖民地
签署《独立宣言》1776年
华盛顿
购买路易斯安那 1803年
林肯当选总统 1860年
1861年
林肯
林肯发表《解放宣言》1863年
林肯遇刺 1865年

殖民地时期 | 南北战争之前 | 南北战争时期 | 一战

大事

甲 独立战争

18世纪中期开始，由于英国的压迫和剥削，北美的13块殖民地与英国政府之间矛盾激化，最终引发了战争。华盛顿领导的殖民军队最终击败英军，美国就此诞生了。

乙 南北战争

南北战争是美国历史上一次规模巨大的内战，交战双方为北方美利坚合众国和南方美利坚联盟国。战争从1861年持续到1865年，最终林肯领导的北方联邦打败了南方联盟，奴隶制度也在这场战争后被完全废除。

丙 "9•11"事件

2001年9月11日，美国纽约和华盛顿等多地发生恐怖袭击事件。世界贸易中心、五角大楼等建筑均遭到客机撞击。"9•11"事件造成近3000人遇难和数千亿美元的经济损失。

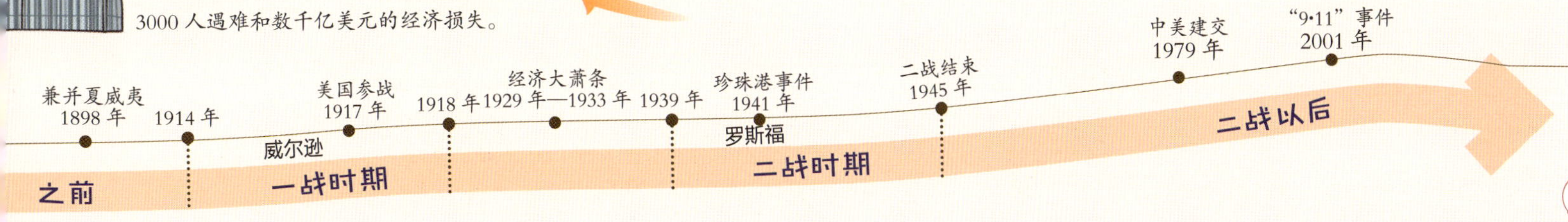

拉丁美洲『部分』

国家：33 个

拉丁美洲曾是一片与世隔绝的土地，这里孕育的玛雅文明、阿兹特克文明和印加文明让人惊叹不已。欧洲的殖民者曾给这片土地带来深重的灾难，新旧大陆的文化却在这片土地摩擦出更绚丽的火花。玻利瓦尔、圣马丁等人是拉丁美洲历史上的重要人物，墨西哥、秘鲁等国境内都保留着许多重要的历史遗迹。

名人

① 弗朗西斯科·皮萨罗

弗朗西斯科·皮萨罗在 1532 年率领不到 200 人的小军团征服了疆域广阔的印加帝国。

② 埃尔南·科尔特斯

埃尔南·科尔特斯在 1519 年率领士兵入侵阿兹特克帝国，并在两年后征服阿兹特克帝国，建立起西班牙殖民统治。

③ 玻利瓦尔

玻利瓦尔是拉丁美洲独立运动中的重要领袖。他成功地让玻利维亚、哥伦比亚等国取得独立，并因此得到了“解放者”的称号。

大事

甲 玛雅文明

玛雅文明是古代玛雅人创造的丛林文明。它在天文学、数学、农业和艺术等方面都有极高的成就。玛雅人还创造了文字来记录他们的历史文化。

乙 阿兹特克帝国和印加帝国

阿兹特克帝国和印加帝国是欧洲殖民者到来之前，拉丁美洲最强大的两个国家。它们创造了古代拉丁美洲最后两个伟大的文明，它们在 16 世纪先后被西班牙的殖民者征服。

丙 拉丁美洲独立战争

19 世纪初期，随着西班牙等国的衰弱，拉丁美洲许多殖民地区掀起独立战争。在玻利瓦尔、圣马丁等人的领导下，委内瑞拉、哥伦比亚、秘鲁等国纷纷推翻殖民统治取得独立。

审图号：GS（2019）3241号
本书地图底图资料由中华地图学社提供

图书在版编目（CIP）数据

手绘世界简史 /《小小冒险家》编辑部编绘 . — 北京：中国铁道出版社，2020.3
978-7-113-24045-5

Ⅰ. ①手… Ⅱ. ①小… Ⅲ. ①世界史 - 通俗读物 Ⅳ. ①K109-49

中国版本图书馆 CIP 数据核字（2017）第293528号

本书编委会

丛书主编： 知路 周国宝

内容编辑： 龚道军 刘 挺
杨康健 佘欢欢 黄 媛 刘秀红
周小瑜 张灵燕 方明杨 王叶青

美术设计： 王嘉嘉 赵媛媛

地图绘制： 尚祖山 周国宝

插图绘制： 尚祖山 王层层 王 瑞

封面设计： 东至亿美

使用提示

本书采用儿童绘本的形式介绍世界各地的地理、历史百科知识，书中所有涉及领土、政区、界限的内容均不能作为划界依据和主张。

书 名： 手绘世界简史

作 者：《小小冒险家》编辑部

策划编辑： 聂浩智

责任编辑： 郭景思 **编辑邮箱：** guojingsi@sina.cn

责任印制： 赵星辰

出版发行： 中国铁道出版社有限公司（100054，北京市西城区右安门西街8号）

印 刷： 北京盛通印刷股份有限公司

版 次： 2020年3月第1版 2020年3月第1次印刷

开 本： 889 mm × 1194 mm 1/12 印张：6.5 字数：190千

书 号： 978-7-113-24045-5

定 价： 82.00元

版权所有 侵权必究

凡购买铁道版图书，如有印制质量问题，请与本社读者服务部联系调换。
联系电话：（010）51873174
打击盗版举报电话：（010）51873659